Louis Jensen

33 Cent –

um ein Leben zu retten

# LOUIS JENSEN

# 33 Cent

## UM EIN LEBEN ZU RETTEN

Aus dem Dänischen von
Sigrid C. Engeler

Carl Hanser Verlag

Die Originalausgabe erschien 2010 unter dem Titel
*2 Kroner og 25 Øre* bei Gyldendal in Kopenhagen.
Published by arrangement with The Gyldendal Group Agency, Denmark.

Unser gesamtes lieferbares Programm
und viele andere Informationen finden Sie unter
www.hanser-literaturverlage.de

2  3  4  5     17  16  15  14  13

ISBN 978-3-446-24177-0
Umschlag: Stefanie Schelleis, München
Satz: Satz für Satz. Barbara Reischmann, Leutkirch
Druck und Bindung: GGP Media GmbH, Pößneck
Printed in Germany

MIX
Papier aus verantwor-
tungsvollen Quellen
FSC
www.fsc.org
FSC® C014496

# 33 Cent

## UM EIN LEBEN ZU RETTEN

# MEINE VERRÜCKTE REISE

Meine verrückte, merkwürdige und folgenschwere Reise begann im Grunde an jenem Tag, als ich beschloss, nur noch jeden zweiten Tag zur Schule zu gehen.

Es war am Montag in der Schule.

In der letzten Stunde sagte ich zu Herrn Olsen, meinem Klassenlehrer, dass ich am Dienstag nicht käme. Herr Olsen nickte. Am Mittwoch sagte ich in der letzten Stunde zu Frau List, die Geographie unterrichtet, dass ich am Donnerstag nicht käme. Freitag war ich wieder in der Schule, so wie ich das mit mir selbst ausgemacht hatte. Andere Absprachen hatte ich nicht, weder mit der Schule noch mit meinem Vater oder meiner Mutter.

Das war eine ganz neue Regelung. Sie war zwar nur mit mir selbst abgesprochen, aber die Regelung war notwendig.

Jeden zweiten Tag. Das reichte. Ich kam ohne Weiteres mit. Für mich war das einzige Problem, dass ich Anne nicht jeden Tag sehen konnte. Damals gingen wir nicht miteinander. Aber ich hielt in jeder Pause nach ihr Ausschau. Ließ sie nicht aus den Augen, die ganze Zeit. Aber von da an nur noch jeden zweiten Tag.

Ist doch alles total easy. Ich behalte, was ich einmal gehört habe. Ich weiß, was man antworten muss, auch wenn ich finde, dass die Antwort falsch ist. Jede Menge Gerede. Jede Menge Nichts. Jeder zweite Tag reicht völlig.

Jede Woche das Gleiche. So ging ich also nur montags, mittwochs und freitags zur Schule.

»Schon wieder?«, fragte Herr Olsen. Es war der dritte Montag in Folge.

»Schon wieder«, antwortete ich. »Ich komme am Mittwoch.«

Herr Olsen runzelte die Stirn.

So ging es weiter. Herr Olsen und die anderen Lehrer verlangten eine Erklärung. Das konnte ich eigentlich gut nachvollziehen. Wenn etwas passiert, was man nicht versteht, möchte man eine Erklärung haben, ganz egal, ob als Kind oder Erwachsener.

»Warum?«, fragte Herr Olsen. Er war nach der letzten Stunde am Montag noch geblieben. »Und am Donnerstag bist du auch nicht da?«

Das stimmte.

»Das reicht mir«, sagte ich. »Ich komme gut mit.«


»Schon möglich«, sagte Herr Olsen. »Aber du darfst nicht fehlen. Nur wenn du krank bist. Bist du krank?«

»Nicht krank«, sagte ich. »Nicht ich bin krank.«

»Wer ist dann krank?«

»Ziemlich viele«, sagte ich. »Sehr viele sind krank.«

»Aber du nicht.«

»Gesund und munter.«

»Warum also?«, fragte Herr Olsen noch einmal.

»Weil einige«, sagte ich, »ziemlich krank sind, so krank, dass sie daran sterben. Nicht einmal den zweiten Schritt dürfen sie tun, ehe sie sterben.«

»Deshalb kommst du nicht?«

So war's. Ich musste den Kranken helfen. Herr Olsen selbst hatte mir das beigebracht. Er hatte viel von denen gesprochen, die starben. Die nicht genug zu essen hatten. Nicht die ganze Zeit, aber oft. Die brauchten Hilfe.

Herr Olsen hatte Broschüren ausgeteilt. Afrika. Kinder. Hunger. Diarrhö. Es sah nicht gut aus. Große Köpfe. Fliegen in der Nase und einprägsame Zahlen: 33 Cent. Ich ging zum Schrank und zog eine Schublade auf. Dort lagen die Broschüren. Ich nahm eine, ging zu Herrn Olsen und deutete darauf. Dort stand es schwarz auf weiß: Für 33 Cent kann man einem Kind Essen für einen ganzen Tag kaufen, für morgens, mittags und abends. Für 33 Euro kann man ein unterernährtes Kind vorm Verhungern retten.


Und dort stand, wie viele jedes Jahr sterben. Nicht eins, nicht hundert, nicht tausend, sondern hunderttausend. Jeden Tag, jede Stunde!

»Denen muss ich helfen.«

»Du musst zur Schule gehen«, sagte Herr Olsen.

»Ziviler Ungehorsam«, sagte ich. Herr Olsen selbst hatte der Klasse erklärt, in manchen Fällen sei es in Ordnung, gegen das Gesetz zu verstoßen, etwas Verbotenes zu tun, was man eigentlich nicht darf. Dann, wenn sonst jemand sterben würde und wenn man nur helfen könnte, indem man gegen das Gesetz verstößt. Dann war das nicht verkehrt.

»Ziviler Ungehorsam«, wiederholte ich.

Herr Olsen und ich redeten mehrfach darüber, immer wieder, aber ich blieb dabei, dass ich helfen müsse und deshalb nicht jeden Tag zur Schule gehen könne.

Dann kam der Rektor. Ein netter Mann, ein freundlicher Mann. Ich musste mit nach oben in sein Büro gehen. Dort war ich noch nie gewesen. Es roch nicht gut. Keine frische Luft. Er nahm die Brille ab und putzte sie die ganze Zeit, obwohl das nicht nötig war. Die Gläser waren ganz klar.

»Du hast viel versäumt«, sagte er und sah mich fragend an.

»Ein bisschen«, sagte ich. »An zwei Tagen in der Woche. Am Dienstag und am Donnerstag, aber in der nächsten Woche wird es am Montag, Mittwoch und Freitag sein.«

»Dann kommst du nicht?«

Ich nickte. Ich hatte darüber nachgedacht. Dass ich immer an denselben Tagen fehlte, war nicht so schlau. Es war besser, das anders zu verteilen, sonst war ich in manchen Fächern fast nie da.

»Was ist los?«, fragte er.

»Weil die sterben, deshalb«, sagte ich.

# DAS GESETZBUCH

 *Wegen Diebstahls wird bestraft, wer ohne Zustimmung des Besitzers eine fremde bewegliche Sache entfernt, um sich oder anderen durch diese Aneignung einen unberechtigten wirtschaftlichen Vorteil zu verschaffen. Mit beweglicher Sache gleichgestellt wird hier und im Folgenden eine Energiemenge, die zur Hervorbringung von Licht, Wärme, Energie oder Bewegung oder einem anderen wirtschaftlichen Zweck hergestellt, aufbewahrt oder in Gebrauch genommen wurde.*

# 14 JAHRE

»Und du bist 14 Jahre alt?«

Ich nicke.

Sie heißt Emma Jansen. Sie ist die Verkaufsleiterin beim Coop.

»Und du gehst zur Schule?«

Ich nickte wieder. »Aber nur jeden zweiten Tag.«

»Nur jeden zweiten Tag?«

»Deshalb«, sage ich, »kann ich schon gleich morgens kommen.«

Sie zögert, sieht mich an: »Nur jeden zweiten Tag?«

»Genauso ist es«, sagte ich. »Das ist eine neue Regelung.«

Zwar kenne nur ich die Regelung, aber neu ist sie.

»Dann wollen wir mal sehen«, sagt sie. Sie heißt Emma Jansen, das habe ich schon gesagt. Sie hat gefärbte Haare. Das sieht ziemlich blöd aus. An den Schläfen kommt das Grau wieder durch. Oben auf dem Kopf ist auch nicht mehr viel Farbe übrig. Sie ist dick. Ist das Gesicht auch gefärbt? Die Nägel sind lila.

Sie wiederholt: »Na, dann wollen wir mal sehen.« Sie winkt mir, dass ich mit ihr das Büro verlassen soll. Wir gehen durch den Laden, an den Regalen vorbei, jede Menge Regale, jede Menge Waren, und immer so weiter. Wir gehen durch ein Gebiet, das mindestens so groß ist wie der Fußballplatz der Schule. Und jetzt nieselt es, wir gehen durch die Gemüseabteilung. Frisches Wasser in der Luft, auf den Wangen und den Haaren, so bekommt man Lust, mehr Gurken und Tomaten und Äpfel und Salat zu kaufen. Frisch! Es muss frisch duften!

Sie bleibt stehen, deutet auf etwas. Dort liegen Früchte, die ich nicht kenne. Sie sehen sonderbar aus, aber schön.

»Direkt aus Afrika eingeflogen«, sagt Frau Jansen stolz.

Wir gehen zu einer Tür. Die ist abgeschlossen, Frau Jansen macht auf. Sie deutet auf eine weitere Tür. Und noch ehe Frau Jansen es sagt, habe ich es verstanden: »Das ist der Personaleingang.«

»Das ist der neue Junge«, sagt Frau Jansen.

Ein Mann blickt auf. Er sitzt an einem kleinen Tisch und blättert in irgendwelchen Papieren. Überall stehen leere Kisten und Kisten mit leeren Flaschen, liegt Papier, sind Regale voll mit allem Möglichen. Blumen stehen auf Wagen, mit denen man Waren herumfährt. Es riecht nach verdorbenem Obst. Es herrscht ein ziemliches Durcheinander.

»Das ist Berg«, sagt Frau Jansen. Berg heißt der Mann. Er blickt auf, dann blättert er weiter. Sein Kopf ist rund. Kleine Augen, auch sie rund, die Nase ebenfalls und die Wangen und der Mund. Alles ist rund. Er sieht aus, als öde ihn alles an.

Frau Jansen bleibt stehen. Sie sieht sich um, sie presst die Lippen vor und kraust die Nase. Sie ist nicht zufrieden mit dem, was sie hier sieht. Berg blättert stumm weiter in dem Stoß Papiere. Das sind Programme der Trabrennbahn, aber das finde ich erst später heraus. Berg wettet auf Trabrennen. Das ist im Grunde das Einzige, was ihn interessiert. Das Lager ist ihm egal. Das ödet ihn an.

Es gibt Überwachungskameras. Ich habe sie gesehen. Aber ich habe nicht vor, hier im Coop zu stehlen.

»Er fängt morgen an«, sagt Frau Jansen, macht kehrt und verlässt den Raum. An der Tür dreht sie sich um: »Er kommt jeden zweiten Tag.« Dann ergänzt sie: »Schon gleich morgens.«

# WAS IST DA LOS?

»Was ist da los?«, fragt meine Mutter.

Sie hat mit der Schule gesprochen. Die Schule hat mit meiner Mutter gesprochen. Herr Olsen, die anderen Lehrer und der Rektor.

»Von jetzt an«, sage ich, »gehe ich nur jeden zweiten Tag in die Schule.«

»Ja, das haben sie mir in der Schule gesagt, aber warum?«

»Ich muss Geld verdienen«, sage ich.

»Aber du bekommst doch Geld.«

Das stimmt, Taschengeld, und eigentlich ziemlich viel, aber das reicht nicht. Ich brauche mehr. Je mehr Geld ich verdiene, umso mehr kann ich vorm Sterben retten.

»Wo arbeitest du?«

»Drüben im Coop.«

Wir reden ziemlich lange. Bis mein Vater nach Hause kommt. Er ist Richter. Er kennt das Gesetz.

DAS GESETZBUCH.

# MEIN VATER IST RICHTER

Mein Vater ist Richter. Mein Vater sagt, ich soll das werden, was ich selbst am liebsten werden will.

Du kannst Fahrer werden, sagt er. Gärtner, Lehrer, Pfarrer.

Mein Vater weiß noch nicht, dass ich nicht jeden Tag zur Schule gehe. Er kennt die neue Regelung nicht, aber es dauert sicher nicht lange, bevor auch er davon erfährt. Bisher weiß es nur meine Mutter.

»Alles?«, frage ich.

»Alles. Entscheide selbst.«

Tief im Inneren, das weiß ich genau, möchte er gern, dass ich Richter werde. Wie er. Dass ich alle seine Bücher erbe und wie er an einem großen Schreibtisch sitzen und mich hinterm Ohr kratzen und schlau aussehen und in allen Gesetzbüchern lesen soll. Sie stehen in seinem Büro und füllen alles aus. KARNOV steht mit schwarzer Schrift auf den gelben Buchrücken. Das klingt ägyptisch, ist es aber nicht.

Ich soll darüber nachdenken, was gerecht ist. Das sagt er: »Denk dran, das Richtige zu tun.«

Ich nicke über den Tisch zu ihm hin: Das Richtige. Ich will immer das Richtige tun! Und darüber denke ich jeden Tag nach: Was ist das Richtige? Ist das Richtige gerecht?

Er sagt: »Gerecht ist, was im Gesetz steht. Bricht man das Gesetz, dann richtet der Richter. Die Strafe ist gerecht.« Er fährt fort: »Dann schlägt der Richter in den Büchern nach, in den Gesetzbüchern (die ich erben soll, die in seinem Büro), und dann findet er die Strafe, die gerecht ist.«

Wie gesagt: Ich denke viel über Gerechtigkeit nach.

Ist es gerecht, dass Kinder verhungern?

Ist das richtig?

Denk mal darüber nach! Nicht den ganzen Tag, aber so etwa fünf Minuten.

Ist das gerecht, zu verhungern?

Hast du dir vorgestellt, wie es ist, zu verhungern?

Wie das im Magen ist?

Wie du immer dünner wirst?

Ein lebendiges Skelett?

»Gerechtigkeit«, sagt der Richter und isst das größte Stück Fleisch, »das ist, wenn der Verbrecher seine Strafe bekommt.«

Er sieht mich an. Er findet, dass ich nicht Feuerwehrmann oder Fahrer werden soll. Er findet, ich sollte Richter werden, aber das sagt er natürlich nicht laut.

Meine Mutter sagt nichts.

»Stehlen ist verboten«, sagt mein Vater.

Ich sage nichts. Das weiß ich doch.

Sogar meine kleine Schwester weiß das. Sie ist zehn Jahre. Sie heißt Sara.

# SO LEICHT, SO LEICHT

Ich stehe hinter dem Richter.

Er ist im Internet. Er bezahlt unsere Reise nach Thailand. Wir fahren im Sommer nach Thailand, meine Eltern, meine kleine Schwester und meine Großmutter. Klingt das merkwürdig, dass eine alte Großmutter nach Thailand fährt? Nicht bei meiner Großmutter. Sie ist super.

Bezahlen ist leicht. Das kann jeder machen. Man gibt sein Passwort für die Bank ein, und dann ist es ganz einfach: zwei Sekunden später ist die Reise bezahlt.

Das könnte ich auch.

Das Passwort ist der Schlüssel.

Den Zugang des Richters zum Internet kenne ich auch. Im Grunde ist es also leicht, das Geld des Richters zu überweisen. Man kann es an alle möglichen Orte überweisen. Auch nach Afrika. Klick, klick, klick … und das Geld des Richters landet direkt vor den Füßen der Kinder in Afrika.

»Geht's um die Bücher?«, fragt der Richter und dreht sich zu mir um. »Du darfst sie gern ausleihen.«

Ich nehme eins von denen, auf deren Buchrücken KARNOV steht. Gelb und schwarz. Aber nicht wegen ihnen bin ich gekommen. Sondern vor allem wegen seines Passworts.

# MEINE MUTTER

Sie ist Lehrerin. Sie und der Richter heirateten, als sie schwanger wurde. Das habe ich mir ausgerechnet. Sie war mit mir schwanger. Eigentlich ist das in Ordnung.

Meine Mutter möchte, dass es uns gut geht.

Sie fragt mich, ob ich in der Schule Probleme habe. Vorsichtig. Sie fragt vorsichtig. Sie hat Angst, ich könnte sauer werden oder sagen, ich hätte Probleme. Die neue Regelung quält sie.

»Falls es Probleme gibt ...«

Aber es gibt keine. Nicht sehr viele. Ein paar. Natürlich habe ich Probleme. Alle haben welche, habe ich herausgefunden. Auch meine Mutter und mein Vater. Wenn sie Probleme haben, liest er besonders gründlich in den Gesetzbüchern. Und sie sieht Fernsehen und geht zeitig zu Bett. Sie hat Kopfschmerzen.

»Hast du Probleme?«, fragt meine Mutter.

Warum fragt sie?

Das ist die neue Regelung. Merkt sie auch, dass ich über die Gerechtigkeit nachdenke?

Es sieht so aus, als wenn sehr viel Gerechtigkeit fehlt, habe ich herausgefunden. Auch in der Schule. Manche kommen leichter davon als andere. Die Mädchen sehen so unschuldig aus, und wenn sie ihren Aufsatz nicht rechtzeitig abliefern, neigen sie den Kopf auf die Seite und winden sich und schieben die Brust vor und sehen ganz unglücklich aus, und Herr Olsen lässt sie davonkommen, ohne sie auszuschimpfen. Aber wenn ich das bin, was selten genug vorkommt, oder einer der anderen Jungen, dann verdreht er die Augen und steht auf und brüllt, und wenn er sich traute, bekämen wir eine Ohrfeige. Er traut sich aber nicht. In Wahrheit, da bin ich mir ziemlich sicher, ist er ein Feigling. So wie alle anderen?

Ich bin nicht scharf drauf, ein Feigling zu sein.

Habe ich es schon gesagt? Aufs Bankkonto des Richters zu gehen, ist die leichteste Sache von der Welt. Aber es ist verboten. Das steht im Gesetzbuch. Das ist ein Verbrechen. Sagt der Richter beim Essen. Er weiß alles über Verbrechen, und wenn er mir erklärt hat, dass ich ohne Weiteres in der großen Gärtnerei Gärtner werden kann, dann erzählt er von Verbrechen. Er wünscht sich, dass mich das interessiert und dass ich eines Tages plötzlich in seinem Büro aufkreuze und sage, während er Geld überweist, ich hätte mich jetzt entschieden und wolle auf die Oberstufe und anschließend auf die Universität gehen. Und dort, jetzt spitzt er die Ohren, will ich die Gesetze studieren und alle auswendig lernen. Dann wird er mich ansehen, lächeln und die Arme ausbreiten und mich in den Arm nehmen, und ganz ohne Worte wird er sagen, er glaube, das sei klug, »denn du hast Sinn für Gerechtigkeit«.

So weit ist es nicht gekommen. Bisher reden wir über Verbrechen und dass es verboten ist, auf die Konten anderer zu gehen und Geld zu überweisen. Das verstehe ich.

Ist es auch kriminell, dass Kinder verhungern?

Wird jemand vor den Richter gebracht und gefragt, wie es kommt, weshalb soundso viele, nicht fünf oder sechs, nicht hundert oder zweihundert, sondern Tausende und Abertausende Kinder verhungern?

Und was antwortet der Angeklagte darauf?

Der Angeklagte ist derjenige, der vor dem Richter steht.

Was antwortet er?

Was sagt er?

Sagt er, dass es leider keine anderen Möglichkeiten, keine Rettung gegeben habe? Dass sie leider und ohne dass er etwas hätte tun können, große Bäuche und ganz entsetzlich große Augen und Fliegen in den Augenwinkeln bekommen hätten.

»Leider. Da war leider nichts zu machen.« Wird er so antworten?

# LANGE ZEIT

Der Richter weiß nicht, dass sein Sohn eine kriminelle Laufbahn eingeschlagen hat. Am Nachmittag, nach der Schule. So
nennt sich das: eine kriminelle Laufbahn.

»Hast du Probleme?«, fragt meine Mutter.

»Nicht wirklich«, sage ich.

Sie glaubt mir nicht.

»Andere«, sage ich, »haben Probleme.«

»Dort in der Schule?« Wir sind nicht an derselben Schule.
Meine kleine Schwester und ich gehen auf die Privatschule. Sie
ist an der staatlichen Schule.

Ich schüttele den Kopf. »Nicht wirklich«, sage ich, denn es
gibt eigentlich keinen Grund, über alle die gewöhnlichen Un-
gerechtigkeiten in der Schule zu reden.

»Aber da unten in Afrika«, sage ich.

»In Afrika?«

»Dort«, sage ich, »dort gibt es die großen Probleme.«

Sie nickt. Sie weiß nicht so recht, wovon ich rede. Sie ist vom
Fernsehen ziemlich abgestumpft. Jeden Abend gibt es etwas
Ernstes. Am Ende, habe ich herausgefunden, am Ende sitzen
die Erwachsenen da und lassen alles an sich vorbeirauschen:
Erdbeben, Finanzkrisen, Arbeitslosigkeit, Kriege, Unruhen, alles. Am Ende sehen sie nur das Ganze, und am Ende, so ist es
jetzt, denken sie gar nicht mehr nach.

»Aha«, sagt sie. »Aber dann ist es ja gut.«

Sie meint, es ist gut, dass es in der Schule keine Probleme gibt,
also abgesehen von der neuen Regelung.

Ich erwähne Anne nicht. Ein bisschen problematisch. Von Anne sage ich nichts, kein Wort. Anne hat blaue Augen. Anne geht in die B, ich gehe in die A. Steht Anne auch vorm Lehrer und ziert sich so? Ich glaube nicht.

# ROBIN HOOD

»Robin Hood«, sage ich.

Der Richter hebt den Kopf vom größten und besten Stück Fleisch. Er sieht mich untersuchend an. Die Stirn ist gerunzelt, die Nase vibriert. Dann kaut er weiter. Er wartet ab, was ich sagen werde, aber ich sage nichts mehr.

Nicht, ehe ich vom Tisch aufstehe. Dann sage ich noch einmal: »Robin Hood.«

# KHK

Stehlen ist nicht schwer.

Überall. Aber nicht von meinen Freunden. Nicht von meinem Vater? Nicht von meiner Mutter? Auf keinen Fall von meiner Großmutter.

Stehlen ist nicht schwer. Die Schwierigkeit besteht darin, das, was man gestohlen hat, zu verkaufen. Lederjacken und Pullover und Hemden. Schuhe.

Ich habe einen gefunden, der alles kauft. Zum halben Preis, für eine Jacke zu 500 Euro bekomme ich 250.

Ich habe zwei Kassen: Eine mit meinem eigenen Geld, also dem Taschengeld. Und eine, von der niemand etwas weiß. Das ist das Geld von dem, was ich stehle. Sie heißt die Kasse der hungrigen Kinder, KHK.

Mit dem Lohn vom Coop gehe ich direkt zum Postamt. Direkt nach Afrika.

# ROBIN HOOD

Robin Hood hat nicht gestohlen.

Ich habe die unterschiedlichen Ausgaben gelesen. Robin Hood nahm von den Reichen und gab den Armen. Also: nahm. Dort steht nie, er habe gestohlen. Nur in einem der Bücher steht das. Aber wenn man ganz ehrlich sein soll, so war es doch wohl das, was er tat: stehlen. Ich selbst nenne es so. Ich stehle von H&M und dem Kaufhaus Magasin und allen Boutiquen in der Fußgängerzone.

Dass das so leicht ist, liegt daran, weil ich wie so ein richtig netter und ehrlicher Junge aussehe, glaube ich. Ich habe eine witzige Frisur, und mein Lächeln ist offen und ehrlich. Ich sehe aus wie einer, mit dem alle gern reden wollen. Und ich rede gern mit den Verkäufern. Denn natürlich kaufe ich in den Boutiquen auch etwas: ein Hemd von dem Geld aus der Diebstahlkasse. Das ist eine Investition. Aber ich behalte es nicht für mich, das Hemd, es gehört mir ja nicht, es gehört den hungrigen Kindern. Ich nehme es mit zum Hehler. So heißt derjenige, der kauft und weiterverkauft, was ich stehle.

Ich habe das in der Schule gelernt. Erik Eriksen, der Mathelehrer, mag solche Sprüche: »Ihr müsst in eure Ausbildung investieren. Das kommt alles zurück. Ihr bekommt alles zurück. Lernt jetzt, was ihr lernen könnt, investiert in Wissen, dann bekommt ihr gute Stellen.«

Ich glaube schon, dass Herr Eriksen recht hat, jedenfalls ein bisschen.

Von ihm habe ich das mit den Investitionen.

Robin Hood hat nicht gestohlen. Er nahm von den Reichen.
Ich habe alle Ausgaben gelesen. Der Sheriff war natürlich
ziemlich sauer, aber ansonsten habe ich nie gehört, dass jemand
Robin Hood einen Vorwurf machte, weil er von den Reichen
nahm. Im Fernsehen lief eine Serie. Da nahm er auch. Nahm
von den Reichen. Die Reichen waren auch die Bösen. Niemand
machte Robin einen Vorwurf.

Ich brauchte lange. Erst war ich lange Zeit wütend. Ich war
sauer, dass sie verhungerten. Ich sah das im Fernsehen, nicht
jeden Abend, aber eigentlich mindestens zweimal pro Woche.
Ich sah sie im Schatten liegen, neben einem Haus aus Lehm
und Stroh oder unter einer blauen Plastikplane. Sie lagen im
Sterben. Nur 33 Cent hätten gereicht, damit sie überleben.
Meine Großmutter ist achtzig. Sie muss nicht verhungern oder
an irgendeiner blöden Krankheit sterben, die sich mit einem
Fingerschnipsen heilen lässt. Sie soll gar nicht sterben!
Zuerst schickte ich mein Taschengeld. Dann meinen Lohn aus
dem Coop. Aber das reichte nicht. Dann tauchte Robin Hood
auf. Da fing das an, dass ich gestohlen habe, aber nicht für mich.

# WIR SEHEN FERN

»Robin Hood«, sage ich zu meinem Vater.

Wir sehen fern. Wieder Kinder, die wie Skelette aussehen. Ein großer wackeliger Kopf. Große Augen. Er sieht es nicht, er liest Zeitung.

»Robin Hood«, wiederhole ich. Er runzelt die Stirn, liest weiter und sagt: »Aha.« Dann sage ich nichts mehr, erst am nächsten Tag wieder. Wieder sieht man Kinder in Afrika.

»Robin Hood«, sage ich. Und fahre fort: »Wer ist in Afrika Sheriff?«

Er lässt die Zeitung sinken und sieht erst zu mir hin und dann zum Fernseher. Aber nun sind die Kinder weg, stattdessen ist da ein Polizist. Er steht vor einer Bank in Aalborg. Farbiges Plastikband, damit sperren sie ab, was sie Tatort nennen. Der Polizist reißt die Augen auf und sagt, der Bankräuber sei mit einer großen Summe entkommen.

»Das ist der Sheriff«, sagt der Richter und deutet auf den Polizeibeamten.

Meine Großmutter ist achtzig Jahre alt. Meine kleine Schwester ist zehn. Meine Mutter räumt auf. Ich habe sie nach Robin Hood gefragt. Natürlich kennt sie Robin Hood. Das tun alle. Dann sagte ich, dass er von den Reichen nahm.

Sie nickte.

»Er nahm von den Reichen«, wiederholte ich, »weil die Armen kein Geld hatten.«

»Das ist schrecklich«, sagte meine Mutter, »hatten die überhaupt kein Geld?«

»Nichts«, sagte ich. »Die hatten im Grunde nur Robin Hood. Er war ihr Retter, denn er nahm von den Reichen, und dann gab er das Geld den Armen, damit sie nicht hungerten.«

Meine Mutter nickte, dann zog sie den Staubsauger eilig ins nächste Zimmer. Sie drehte sich um: »Das war gut«, sagte sie, aber ich bin mir nicht sicher, was sie mit »das war gut« meinte.

# NUR EIN BUCH

»Damals«, sagt mein Vater. Er kennt Robin Hood genau. »Damals war der Sheriff ja ein Schurke. Alles, was er besaß, hatte er von den gewöhnlichen Menschen gestohlen, so dass sie verarmten. Deshalb war es okay, dass Robin Hood es zurücknahm. Aber so ist es doch heute nicht mehr. Und vergiss nicht: Das ist ein Buch.«

»Ein Buch, ja«, sage ich. »Aber er hat gelebt. Es hat ihn gegeben. Er hatte Pfeil und Bogen und einen grünen Hut mit einer Feder.« Das Letzte sage ich vor allem zum Spaß. Mir ist schon klar, dass Robin höchstwahrscheinlich nicht mit so einer idiotischen Feder am Hut herumlief. Das ist nur im Film so. Aber es hat ihn gegeben. Es hat ihn wirklich gegeben.

# SEHR FALSCH

Stehlen ist falsch.

Sehr falsch. Ich tue es nur, weil es nötig ist. Wenn etwas sehr nötig ist, dann darf man auch das Falsche tun. Dann ist es richtig, das Falsche zu tun. Dann ist das gerecht! Zum Beispiel stehlen. Ich habe lange und gründlich nachgedacht, bevor ich mit Stehlen anfing. Ich habe die Erwachsenen gefragt, meine Eltern und meine Großmutter und sogar den Pfarrer. Sie sind sich alle einig, dass es unter gewissen Umständen nötig sein kann, das Falsche zu tun, um dem Richtigen auf die Sprünge zu helfen. Bis zu diesem Punkt sind wir uns einig. Wenn ich dann frage, ob man stehlen darf, um den Kindern in Afrika zu helfen, dann runzeln sie die Stirn, spitzen den Mund und sehen mich eine Weile an, ehe sie sagen, das dürfe man nicht.

»Robin Hood«, sage ich dann.

Das ist etwas anderes, sagen sie. Robin Hood ist etwas anderes. Das ist eine Geschichte.

»Coop«, sage ich. »Ist Coop nicht eine Art Sheriff?«

Da lacht mein Vater und schaltet das Notebook aus. Ich sehe ihm an, dass ich überhaupt nichts verstanden habe.

Ich kenne alle seine Passwörter im Internet, jedes einzelne.

# KONFIRMANDENUNTERRICHT

»Robin Hood«, sage ich.

Der Pfarrer ist ein freundlicher Mann. Er weiß nicht recht, wie freundlich er sein soll. Ist er ein bisschen zu freundlich? Ein bisschen zu wenig? Er zweifelt. Er fragt, ob es Fragen gibt. Er möchte, dass wir Fragen stellen. Ich glaube, im Grunde ist es ziemlich gleichgültig, wonach wir fragen, wenn nur einer von uns etwas sagt.

Er hat uns von einem erzählt, der Johannes der Täufer heißt. Der lief herum und predigte, auch von Jesus. »Wer zwei Hemden hat«, hat Johannes der Täufer gesagt, »teile mit dem, der keines hat, und wer Essen hat, soll es genauso machen.«

So sollte es sein, denke ich. Genau wie Johannes der Täufer sagt. Dann gibt es nämlich keinen, der hungert oder verhungert. Er denkt wie Robin Hood.

Da frage ich: »Robin Hood! Wie ist es mit Robin Hood?« Beinahe hätte ich gesagt, das mit dem grünen Hut und der Feder, das sei egal.

Er runzelt die Stirn. Er weiß nicht, worauf ich hinauswill.

»Wenn Robin Hood heute lebte, was wäre dann?«

Er runzelt die Stirn in eine andere Richtung.

»Ja«, sagt er. Und beginnt von Jesus zu reden, und ich denke, er will erzählen, dass Robin Hood eine Art Jesus ist.

Er sieht mich an.

»Aber wenn er heute lebte. Von wem würde er dann stehlen? Wer ist der Sheriff?«, frage ich.

Er lacht, er ist erleichtert. Jetzt versteht er. Und sehr elegant dreht er sich um sich selbst, als könne er uns in dieser Umdrehung etwas Wichtiges und ganz ohne Worte erklären.

»Der Sheriff?«, wiederholt er nach seiner Umdrehung. »Der Sheriff? Ja, wer ist der Sheriff?« Er sieht uns alle fragend an.

»Der Sheriff ist derjenige, der von den Armen stiehlt. Es gibt viele Sheriffs«, antwortet er selbst und kratzt sich hinterm Ohr am Kopf.

»Wie ist es mit Coop?« Die Frage stelle ich.

»Coop?« Er runzelt die Stirn.

»Ist Coop ein Sheriff?«, fragt er.

Ich sage nichts. Ich weiß es nicht.

»Sheriffs«, wiederholt er. »Das sind solche, die von den Armen stehlen.«

»Robin Hood«, sage ich, »er nahm von den Reichen und gab den Armen. Darf man das? Von den Reichen nehmen? Wenn man es den Armen gibt und nicht für sich selbst behält?«

Er runzelt die Stirn.

»Jesus«, sagt er, »er nahm nicht von den Reichen. Aber er gab den Armen. Er gab ihnen noch größeren Reichtum als den auf Erden.«

Das verstehe ich nicht, auch wenn es gut klingt.

»Aber was ist mit Robin Hood. Darf man von den Reichen nehmen? Stehlen und den Armen geben?«

»Wer sind die Armen?« Er runzelt die Stirn und bereitet sich vor, sich um sich selbst zu drehen, aber nun bleibt er stehen.

»Das sind die Kinder in Afrika. Alle Kinder, die hungern. Darf man von den Reichen stehlen, um es ihnen zu geben?«

»Man darf nicht stehlen«, sagt er.

Ich sage nichts mehr.

»Möchte noch jemand etwas fragen?«

# DER KÜHLWAGEN

»Jenny W oder Jasmin?«, fragt Berg. Er hat das Programm vom nächsten Sonntag vor sich. Von der Trabrennbahn. »Wer gewinnt?«

Das weiß ich nicht. Und das weiß Berg genau. Aber er ist sicher, dass es eins von beiden sein wird. Ich soll nur entweder Jasmin sagen oder Jenny W. Dann glaubt er, dass dieses Pferd als Erstes über die Ziellinie gehen wird.»Jenny W!«, rufe ich.

In dem Moment kommt Johnny. Er hat Berg gehört. Er ruft »Jasmin«. Bergs runde Augen blicken bekümmert vom Programm auf. Was jetzt? Welches von beiden wird es nun?

Johnny fährt jeden Mittwoch zum Lager. Ein riesiger Kühlwagen: Salate, Thunfisch, tiefgefrorenes Fleisch, Hackfleisch, Kartoffeln, Blumenkohl, tiefgefrorenes Brot. Alles. Auch Eier, auch große Paletten mit Milch und Sahne und Käse und Schokolade. Alles.

Ich helfe Johnny. Er schafft das gut allein, das Ganze wird von der Ladeklappe direkt runter auf Wagen ins Lager gefahren. Ich weiß, wo die Sachen stehen, das weiß Johnny auch. Auch Berg weiß es, aber Berg ist mit den Pferden beschäftigt. Die Rennen sind schwer, so viel habe ich verstanden. Immer gibt es einen Außenseiter, der das Bild stört. Berg ist im Grunde Optimist. Bei jedem Rennen ist er ziemlich sicher, wer die Nummer eins und wer Nummer zwei wird, nur nach dem Rennen sieht es anders aus. Wenn ich nach dem Wochenende komme, erfahre ich die ganze Geschichte. Und die geht in der Regel schief: Bergs Favorit rennt los. Verfällt in Galopp. Nur bei diesem Galopprennen ist das Pferd, auf das Berg gesetzt hat, trotzdem zu langsam oder hat auf den letzten fünfzig Metern keine Lust mehr. Allmählich weiß ich ziemlich viel über die Pferde und die Trabrennbahn.

Dann und wann blättere ich im Programm und deute auf einen Namen. »Der da«, sage ich. Berg schüttelt den Kopf. Ich habe auf ein völlig unmögliches Pferd gedeutet. Trotzdem, das kann ich ihm anmerken, will er auf das Pferd setzen, denn in gewisser Weise ist Berg abergläubisch. Er glaubt, dass einer wie ich, der von Trabrennen nichts versteht, auf unerklärliche Weise durchaus den richtigen Riecher haben kann.

Johnny hat es immer eilig. Wenn er bei uns war und die Waren abgeliefert hat, muss er weiter, wieder abliefern, zurück und auffüllen. Es geht ruckzuck, aber nicht immer. Heute hat er Zeit. Und heute erklärt er mir auch, wie ein Kühlwagen funktioniert. Er mag seinen Wagen. Mehr als das: Er ist stolz. Der ist aber auch schick: Der Lack ist gut, die Reifen sind groß und kräftig, und in der Fahrerkabine gibt es Radio und Sitzheizung und Servolenkung und verchromtes Metall.

»Hast du Lust, es mal zu probieren?«

Wir stehen draußen. Berg ist in einem schrecklichen Dilemma: Jasmin oder Jenny W? Er sitzt an seinem Schreibtisch, beugt sich grübelnd über das Programm.

Ich lache, und mein Lachen sagt Ja!

»Dann spring rein!«

Eher müsste es heißen: Klettere hoch! Das Führerhaus liegt hoch, aber ich komme nach oben und setze mich zurecht. Johnny erklärt: Gangschaltung, Bremsen, alles.

»Eigentlich«, sagt Johnny, »ist es kinderleicht.«

Und wirklich: Ich lege den Gang ein, fahre ein bisschen vor-

wärts, bremse und lege den Rückwärtsgang ein und fahre zurück.

Johnny nickt anerkennend. »Du wirst ein guter Fahrer!«

Johnny hätte gern, dass alle Jungen so wie er werden: Fahrer,
die in einem großen Kühlwagen mit Waren für Coop unterwegs
sind.

# DIE FLIEGEN IN DER NASE

Am selben Abend im Fernsehen. Mein Vater liest Zeitung. Meine Mutter kocht Kaffee. Sara baut aus Legosteinen ein großes Schloss. Und wieder: ein großer schwarzer Kopf auf einem dünnen Körper mit großem Bauch. Er kann kaum das Gleichgewicht halten.

»Robin Hood«, sage ich.

»Man darf nicht stehlen«, sagt mein Vater. »Es gibt viele andere Möglichkeiten.«

Er weiß genau, was ich meine.

»Welche?«, frage ich.

»Man kann Geld sammeln. Man kann selbst welches schicken.« Er lässt die Zeitung sinken. »Am letzten Sonntag war jemand da.«

Das weiß ich, denn ich habe die Tür geöffnet. Und ich bekam zehn Euro von meinem Vater und steckte den Geldschein in die Sammelbüchse.

»Lauter solche Sachen«, sagt er.

»Aber warum verhungern die trotzdem?«

»Weil die das einfach nicht hinkriegen.«

»Schickst du auch Geld?«, frage ich.

Wieder lässt er die Zeitung sinken. »Ich gebe immer etwas. Immer wenn sie kommen, gebe ich etwas.«

»Du schickst also kein Geld?«

»Wenn ich Geld in die Sammelbüchse stecke, ist das wie schicken.«

»Aber du tust es nicht so, nicht ohne Sammelbüchse?«

Er sagt nichts.

Inzwischen ist der große Kopf mit den Fliegen in der Nase längst weg.

Jetzt ist da ein Mann, der erklärt, warum es gesund ist, Mohrrüben zu essen.

Und wenn man nun keine Mohrrüben hat?

Wenn man nun kein Geld hat, um Brot zu kaufen?

Was dann?

Und selbst wenn die Sammelbüchsen voll werden und mein Vater Geld hineinsteckt und die trotzdem hungern und sterben?

Was dann?

Als ich genug Bilder im Fernsehen und in der Zeitung gesehen und über das nachgedacht hatte, was uns Herr Olsen erzählt hat, mehr als einmal, wie schrecklich es sei, dass Kinder sterben, jeden Tag, jede Stunde, ja in jeder einzelnen Minute, ja, genau alle sieben Sekunden stirbt ein Kind, das habe ich im Radio gehört, da habe ich die KHK eingerichtet, also die Kasse der hungrigen Kinder, und fing an zu stehlen. Das habe ich schon erzählt. Klar wusste ich, dass ich nicht genug stehlen konnte, aber viele Wenig ergeben ein Viel. Das sagt meine Großmutter immer.

# GESETZBUCH

 *Wegen Diebstahls wird bestraft, wer ohne Zustimmung des Besitzers eine fremde bewegliche Sache entfernt, um sich oder anderen durch diese Aneignung einen unberechtigten wirtschaftlichen Vorteil zu verschaffen. Mit beweglicher Sache gleichgestellt wird hier und im Folgenden eine Energiemenge, die zur Hervorbringung von Licht, Wärme, Energie oder Bewegung oder einem anderen wirtschaftlichen Zweck hergestellt, aufbewahrt oder in Gebrauch genommen wurde.*

# WER IST DER SHERIFF?

Von wem sollte ich stehlen? Wer war der Sheriff?

War mein Vater der Sheriff? Konnte er der Sheriff sein?

Mir wurde klar, dass wir alle Sheriffs sind, alle stehlen voneinander. Wenn es hart auf hart kam, gab es kein Entrinnen. Für niemanden. Auch nicht für den Pfarrer. Auch nicht für mich.

Nur für eine: meine Großmutter.

Wenn aber jeder der Sheriff war, konnte ich eigentlich überall stehlen. Aber das brachte ja auch nichts. Ich musste eine Lösung finden, und am Ende kam ich dahin, dass die großen Geschäfte, die Ketten, dass die so reich waren, so große Sheriffs, dass ich von denen stehlen wollte. Nicht von gewöhnlichen Menschen, selbst wenn manche wahrhaftig genug Geld hatten und ohne Weiteres von der Hälfte dessen leben konnten, wovon sie jetzt lebten. Sie schwelgten in Lebensmitteln, Zucker, Schweinebraten, Fernsehen, Autos, Pullovern, Reisen, allem Möglichen. Sie fraßen so viel, dass sie krank wurden, andere so wenig, dass sie starben.

Netto, Hertie, Wal-Mart, die großen Ketten.

Zuerst richtete ich die Kasse ein. KHK.

Dann stahl ich. Eine Lederjacke. 750 Euro.

# HENRIK FRIIS

In den ersten Monaten verkaufte ich das, was ich stahl, an einer anderen Schule. Danach im Anzeigenblatt. Dort lernte ich Henrik Friis kennen. Henrik Friis war ein Sheriff. Ich war kein Robin Hood, und über so etwas redete ich auch nicht mit Henrik Friis. Er sah aufs Preisschild, addierte und dividierte im Kopf, zählte das Geld vor, reichte es mir, und dann ging ich.

Henrik Friis hatte kein Interesse zu reden. Aber neugierig war er. Er fragte, wo ich wohnte. Das erzählte ich nicht. Er fragte, wie ich heiße, und ich nannte einen Namen, einen gewöhnlichen, der aber nicht meiner war. Später wollte Henrik Friis das Geschäft erweitern. Er nannte es Geschäft.

# EIN DIEB

Ich wusste genau: Jetzt war ich ein Dieb.

Ich musste aufpassen.

Und ich wusste genau, dass die meisten Diebe früher oder später geschnappt werden. Aber ich glaubte, das vermeiden zu können. Ich war doch ziemlich clever. Ich lernte alle Tricks, und selbst wenn Henrik Friis gefasst würde, konnte er mich nicht anzeigen. Er wusste nicht, wer ich wirklich war. Alles, was ich ihm erzählt hatte, war gelogen.

Die Kasse, KHK, stand bei meiner Großmutter. Daran war ein Schloss. Ich hatte ihr erzählt, darin wären Briefe von meiner Freundin, die meine Eltern und Sara nicht lesen sollten. Meine Freundin heißt nicht Marian. Und ich heiße nicht Robin Hood. Sie heißt Anne. Aber damals war sie noch nicht meine Freundin. Meine Großmutter verstand das.

# ANNE

Eins war wichtig: die sterbenden Kinder. Und noch eins: Anne.

# GROSSMUTTER

»Großmutter?«, frage ich. »Kennst du Robin Hood?«

Das tut sie.

»Er hat so einen schönen grünen Hut mit einer Feder«, sagt Großmutter.

»Erinnerst du dich, dass Robin Hood von den Reichen nahm und den Armen gab?«

Großmutter nickt. Sie sieht mich an. Dann sagt sie: »Und jetzt denkst du darüber nach, wie man den Armen helfen kann?«

»Aber nicht den Armen hier bei uns. Denen fehlt doch nicht wirklich etwas.« Ich sehe Großmutter an. Sie ist bestimmt nicht reich, aber fehlt ihr eigentlich wirklich etwas? Ich meine, wenn man es mit denen vergleicht, die nichts haben. Mit denen, die sich nicht einmal satt essen können?

»Sondern den richtig Armen«, fahre ich fort, »denen, die hungern, den Kindern in Afrika, denen, die sterben.«

»Das ist schlimm«, sagt Großmutter.

Jetzt frage nicht ich, jetzt fragt Großmutter. Mit den Augen und den hochgezogenen Augenbrauen.

»Und warum tun wir denn nichts dagegen?«, frage ich. »Warum helfen wir ihnen nicht? Die wohnen doch gleich um die Ecke. Wir können in fünf Stunden dorthin fliegen, losfliegen mit allem, wovon wir zu viel haben: Brot, Milch, Getreide, alles.«

Großmutter nickt.

»Und warum tun wir es dann nicht?«

Großmutter sagt nichts. Sie sagt auch nicht, dass wir doch die

Sammelbüchsen haben, um Geld zu sammeln, und die Entwicklungshilfe.

»Das ist zu wenig«, sage ich. »Nicht genug Geld.«

»Viel zu wenig«, sagt Großmutter.

»Und wie wird es mehr?«

»Wie?«, sagt Großmutter.

# ANNE

Draußen am Fahrradschuppen. Es war …

# JESUS

Liegt es an mir? Verstehe ich nicht, was wichtig ist? Verstehe ich nicht, was der Pfarrer sagt: dass Jesus allen Menschen das Leben gab und nicht nur das Leben, sondern auch das Leben nach dem Tod. Und dass das mehr wert ist als alles andere zusammen.

Wenn das stimmt, macht es dann etwas, dass man vor Hunger stirbt, auch wenn man erst ein Jahr oder zwei, drei oder vier Jahre ist? Ist das dann nicht gleichgültig, wenn man sowieso in den Himmel kommt und ewig lebt?

Was bedeutet dann der Tod?

Nichts.

Überhaupt nichts.

# ANNE

Wieder am Fahrradschuppen:

Anne ist mutig. Oder sind Mädchen einfach mutiger als Jungen? Ich könnte niemals, auch wenn ich schon hundertmal daran gedacht habe, zu Anne hingehen und sie ins Kino einladen. Ich war kurz davor, hatte den ersten Schritt getan, auch den zweiten, aber dann war ich abgebogen, zur Seite gegangen, hatte die Richtung geändert.

Feigling!

Anne ist kein Feigling. Sie kam direkt auf mich zu. Ich stand da mit dem Fahrrad. Ich wartete nämlich, dass sie vorbeifahren würde. Und dann: Dann kam sie, blieb stehen, sah mich, bremste und kam dann direkt auf mich zu. Sie fuhr sich durch die Haare, neigte den Kopf auf die Seite und sah mich neugierig an.

Ich sagte nichts.

Ich hielt die Luft an.

Solche Situationen sind kompliziert, wirklich schwierig, völlig unmöglich. Sie sagte auch nichts. Sie drehte den Kopf, hob die Augenbrauen und schließlich neigte sie den Kopf ein kleines bisschen zur anderen Seite. Dann sagte sie: »Ich finde dich auch süß.«

Stell dir vor, das hat sie gesagt: »Ich finde dich auch süß!«

Selbst dann konnte ich nichts sagen. Ich hätte natürlich einfach lächeln müssen, mit dem Kopf schütteln, bis die Haare wild durch die Luft geflogen wären, und dann sagen: »Anne! Genau das bist du, finde ich! Hundertfach! Und noch mehr! Tausendfach! Übrigens, es läuft gerade ein guter Film, wäre das was für dich?«

Das alles hätte ich sagen sollen. Aber ich sagte nichts. Piff paff puff!

Da lachte Anne, sprang aufs Fahrrad und sauste davon.

Schwindel. Ich blieb stehen, sah ihr nach, wie eine Welle wogte ihr langes Haar hinter ihr her. Genau wie in diesen idiotischen Reklamen für Shampoo. »Weil ich es mir wert bin!« Brrr!

Nur viel schöner!

Nur noch viel wilder!

Anne!

Sie findet, ich bin süß!

So fing das mit uns an.

## JEDE MENGE VOM BESTEN ESSEN

Wenn die toten Kinder dann im Himmel auftauchen, stelle ich mir vor, dann erwarten Gott und alle Engel sie mit großen Schüsseln voller Süßigkeiten, und ein Wagen mit leckerem Eis steht bereit. Der ist so randvoll, dass sich die Türen nicht schließen lassen. Der fährt auf den Wolken herum. Das Eis quillt heraus, den Kindern direkt vor die Füße, und Gott sagt: »Jetzt müsst ihr aber tüchtig essen. Jetzt müsst ihr nie mehr hungern, hier gibt es genug zu essen.« Und dann hebt er die Arme, und ein Engelschor von ungefähr zwanzigtausend Engeln beginnt zu singen.

Der Eiswagen, klar, aber nicht genug damit: Im Himmel gibt es sogar einen ziemlich hohen Berg aus Eis, also aus Speise-Eis, trotzdem kann man den auch hinunterrodeln. Das ist ja das Fantastische am Himmel. Gleichgültig woran ich denke, oben im Himmel bei Gott und Jesus gibt es das.

So stelle ich es mir vor.

# ANNE, WIEDER ANNE

Anne ist das Beste, was ich habe. Wenn ich ehrlich sein soll, bedeutet sie mir mehr als mein Vater und meine Mutter und meine kleine Schwester Sara. Auch mehr als Großmutter?
Annes Wangen. Die sind wie etwas, was von Gott kommt. Annes lange Haare! Wie sonderbar; ich denke, dass ich dort sein kann, dass ich dort, in ihrem Duft, immer glücklich und froh sein werde. Dass dort die Sonne immer scheint. Dass ihre Haare ein großer Baum sind, der in der Erde wurzelt und bis in den Himmel wächst.
Annes Augen!
Annes Lippen, und die kenne ich gut. Annes Augenbrauen. Annes Brüste sind nicht besonders groß, aber das stört mich nicht. Die sind nämlich schön, so wie sie sind. Zwar ist Annes Nase ein klein wenig schief, aber es ist genau dieses Schiefe, weshalb mir schwindlig wird.

# WER ZWEI HEMDEN HAT

Der Richter hat 30 Hemden. Die Hälfte sind 15. Der Richter hat zwei Autos. Die Hälfte ist eins. Sara hat etwa 15 000 Legosteine. Die Hälfte ist 7500. Meine Mutter hat 17 Kleider. Die Hälfte ist acht und ein halbes.

»Du machst dir zu viele Sorgen«, sagt meine Mutter.

Der Richter hat ein hellblaues Hemd an. Eines von den vielen. Ich sehe ihn an und sage 15. Noch kennt der Richter die neue Regelung nicht: die Jeden-zweiten-Tag-Regelung. Das wird nicht mehr lange dauern. Ich sehe es Herrn Olsen an. Die Hand meiner Mutter erzählt es mir und die Brille des Rektors, die geputzt werden muss. Aber was hilft's? Er sieht ja doch nicht klar!

Der Richter spitzt den Mund. Er denkt nach. Er legt die Stirn in Falten. Was ich damit meine?

»15«, sage ich, »ist die Hälfte von 30.«

»Das stimmt. Und ...«

»Ich habe deine Hemden gezählt.«

»Und das waren 30?«

Ich nicke.

»Das wusste ich nicht. Sind das zu viele?«

Ich sage nichts mehr.

Wir essen zu Abend. Aber wie kann man am Tisch sitzen und Frikadellen und Nudeln essen und fernsehen, wenn der Kopf, dieser viel zu große Kopf mit Fliegen um die Augen und an der Nase, wieder auftaucht und Hallo sagt?

Ich sage nichts.

Ich deute auf den Fernseher, aber jetzt ist das Bild weg.

»Immer mit der Ruhe«, sagt mein Vater.

Sara sagt nichts. Sie schiebt die Frikadelle auf dem Teller hin und her. Das bedeutet, dass sie jetzt nichts mehr essen mag, auch wenn meine Mutter extra wegen ihr auf Zwiebeln im Hackfleischteig verzichtet hat.

»Kein Grund zur Unruhe«, sagt mein Vater und nickt. Das bedeutet, dass Sara ruhig aufstehen darf. Dem Legoschloss fehlen ja noch einige Türme und Zinnen.

»Ja!«, sagt mein Vater. Sie hat gedrängelt. Sie spart für ein Sommerschloss.

Ich rechne aus, was das Abendessen gekostet hat. Vom Coop kenne ich die Preise. Ein halbes Kilo Hackfleisch für Frikadellen kostet 3 Euro 50. Zwei Pakete frische Pasta 5 Euro. Eine Cola Classic 2 Euro. Und dann noch ein Eis für jeden zum Nachtisch: 6 Euro. ½ Flasche Rotwein: 4 Euro. Hätten wir nicht ohne Weiteres halb so viele Frikadellen essen können, denke ich. Damit wäre 1 Euro 75 gespart. Eis brauchen wir nicht jeden Tag. Damit hätten wir außerdem heute 6 Euro gespart. Und trotzdem wären wir satt geworden. Und wenn einer von uns noch hungrig gewesen wäre, hätte er ein Stück Vollkornbrot essen können. Das ist gesund. Das sättigt. Und ja, die Cola hätten wir auch nicht gebraucht. Damit hätten wir 2 Euro gespart. Insgesamt rund 10 Euro gespart. Das ist viel Geld. Das mit dem Rotwein ist okay. Schließlich verdienen der Richter und meine Mutter das Geld.

Für 33 Cent kann ein Kind in Afrika einen ganzen Tag essen, morgens, mittags und abends. Dann dividiere ich 10 durch 0,33. 30 Kinder und ein drittel. Aber drittel Kinder gibt es nicht. So

viele hätten wir verköstigen können. Ein bisschen wie Jesus am
See, wovon der Pfarrer erzählt hat. Dort gab es fünf Brote und
zwei Fische für 5000 Menschen. Gut gemacht. Ein Wunder. Wie
Robin Hood. Und obendrein ohne von den reichen Sheriffs zu
stehlen.

Aber 30 ist auch nicht schlecht.

Das sage ich nicht.

Ich sage nur 30. Dann stehe ich auf und gehe in mein Zimmer.

»Robin Hood!«, ruft Sara hinter mir her.

# EINE EINFACHE RECHENAUFGABE

Mathe-Erik langweilt sich. Er will lieber große und komplizierte Rechenaufgaben durchziehen, Gleichungen und so was. Nicht diesen Kram, den wir in der siebten Klasse rechnen.

Ich melde mich.

Er sieht mich skeptisch an. Dann nickt er und ruft: »Aber nichts mit Robin Hood!«

Ich stehe auf, und dann geht die Rechenaufgabe los: »Ein halbes Kilo Hackfleisch für Frikadellen kostet 3 Euro 50. Zwei Pakete frische Pasta 5 Euro. Eine Cola Classic 2 Euro. ½ Flasche Rotwein 4 Euro. Vier Eis 6 Euro ...«

»Also 1 Euro 50 pro Stück.«

Das stimmt. Aber das sage ich nicht, ich mache weiter: »Insgesamt 20 Euro 50.«

»Korrekt«, sagt Herr Eriksen.

»Aber halb so viel Fleisch reicht und Wasser statt Cola und kein Eis, damit sind 10 Euro gespart.«

»Richtig!«, ruft Herr Eriksen.

»Und wenn wir die durch 0,33 dividieren, ergibt es 30.«

»30,30303030«, korrigiert Herr Eriksen.

»Es gibt keine drittel Kinder«, sage ich und setze mich.

»Robin Hood!«, ruft John. John ist nicht gerade mein bester Freund. Er ist auch dünn, so ein Hänfling. Little John war bekanntlich groß und stark.

Herr Eriksen fragt, ob es noch mehr interessante Rechenaufgaben gibt.

## EIN FREUNDLICHER MANN

Der Schulpsychologe ist ein freundlicher Mann. Er beginnt (damit fängt er immer an, das hat er so gelernt) mit einem Lächeln, als wenn alles auf der Welt völlig okay wäre.

Ich sage nichts.

Er wartet. Sieht er aus wie einer, der einen grünen Hut mit Feder tragen könnte?

»Robin Hood«, sagt er.

Ich nicke.

Er fährt fort: »Ich kenne ihn gut, den aus dem Sherwood Forest. Hatte er nicht einen guten Freund?«

Er will, dass ich John sage, aber das tue ich nicht.

»John«, sagt er.

Von John weiß ich natürlich. Ich habe die verschiedenen Ausgaben alle gelesen. Little John heißt er.

»Hast du auch einen Freund?«

»Ja, hab ich«, sage ich. Ich habe auch eine Freundin, aber das sage ich nicht.

Dann wird es wieder still, und mitten in die Stille hinein greift er sich ernst ans Kinn, sieht mich an, grübelnd heißt das, und sagt dann: »Du bist doch ein kluger Junge.«

Dazu sage ich nichts. Da bin ich mir nämlich überhaupt nicht sicher. Dumm bin ich nicht. Gibt es jemanden, der das ist? So richtig? Es gibt welche, die sind unwissend, aber das ist ja etwas anderes.

»Aber vielleicht denkst du zu viel nach?«

Da bin ich mir nicht sicher. Vielleicht besteht das Problem darin, dass die meisten zu wenig nachdenken. Ich glaube zum Beispiel, dass mein Vater ziemlich viel darüber nachdenkt, ob die Aktien steigen oder fallen. Dann sitzt er völlig weggetreten vor dem Notebook, kratzt sich am Kopf, und irgendwann ruft meine Mutter: »Nun pass aber auf!«

Sie meint, er soll aufpassen und nicht alles Geld verzocken. Ich glaube nicht, dass er das tut. Er ist nämlich gewissenhaft und sparsam, aber er denkt nicht an das Wichtigste. Er denkt nicht daran, wie es ist, zu hungern, wie schrecklich es ist, ein Kind auf dem Schoß zu haben, und es ist nichts zu essen da. Und kein Geld, um Essen zu kaufen.

»Ich habe darüber nachgedacht«, sagt er. »Ich habe getan, was ich kann.«

Stell dir vor, das sagt der Richter, und er meint damit, dass er einen Geldschein in die Sammelbüchse gesteckt hat, und er meint damit, dass er Steuern bezahlt und für Entwicklungshilfeprojekte gespendet hat.

Reicht das?

Das glaube ich nicht.

»Vielleicht«, wiederholt der Schulpsychologe und zieht so komisch die rechte Augenbraue hoch. Ich überlege, ob ich ihm davon erzählen soll. Dann fährt er fort und wiederholt: »Vielleicht denkst du zu viel nach?«

Ich schüttele den Kopf.

# NR. 8

Es gibt zehn Gebote. Der Pfarrer hat sie vorgelesen. Du sollst
nicht stehlen. Das ist Nr. 8.

Es sind gar nicht so wenige, die stehlen. Gibt es jemanden, der
es nicht tut? Ich meine all diejenigen, die bei den Steuern be-
trügen. Gilt das nicht als stehlen? Dann bestiehlt man doch alle
anderen.

Herr Olsen hat von einem Buch erzählt. Es heißt *Die Elenden*,
glaube ich. Ein Mann stahl bei einem Bäcker Brot, weil seine
Kinder fast verhungerten. Er kam für viele Jahre ins Gefängnis. Seine Kinder wären vor seinen Augen fast gestorben. Was
sollte er tun? Niemand wollte helfen. Stehlen ist verboten.

Du sollst nicht lügen. Jeden Abend im Fernsehen lügen die
Politiker. Die ganze Zeit, vom Bildschirm, den Menschen ins
Gesicht. Ach, hör doch auf!

Ich sage: Du darfst ruhig stehlen, wenn du einem anderen Menschen das Leben rettest. Gibt es etwas Wichtigeres? Warum
muss ein Kind sterben, wenn es doch genug zu essen gibt?

Es gibt ein merkwürdiges altes Wort.

Das heißt Barmherzigkeit.

Ein schönes Wort.

## 15 HEMDEN

»Vielleicht«, sage ich, »sollte ich einfach einige von all deinen Hemden zum Sammelcontainer bringen?«

Er lacht. Erst lacht er. Dann lehnt er sich im Sessel zurück.

»Und das zweite Auto?«, fragt er.

Ich nicke.

»Und die Hälfte meiner Schuhe?«

Er sagt nicht Johannes, aber er weiß, dass wir genau von dem sprechen.

Ich nicke. Ich ziehe eine Augenbraue hoch, so ein bisschen wie der Psychologe.

»Und wie ist es mit den Stühlen? Wir haben insgesamt 33 Stühle?« Jetzt lacht er laut. »Merkst du es? Wie viele Backsteine hat das Haus? Hast du sie gezählt?«

Ich sage nichts mehr.

Am Abend sind sie im Theater. Ich gehe auf sein Konto. Er hat 70 Euro für die Eintrittskarten bezahlt. Etliches an Mahlzeiten à 0,33. Insgesamt 212. Dann nehme ich 15 Hemden. Und trage sie zum Altkleidercontainer.

Aber ich suche die abgetragenen aus. Die er nie anzieht. Man muss Rücksicht aufeinander nehmen. Das sagt Großmutter: »Denk dran! Sei gut zu anderen!«

Ich versuche es!

Der Richter schreibt »intern«, wenn er Gelder auf seinen eigenen Konten verschiebt.

Intern.

# EIN WÜTENDER RICHTER

»Das geht so nicht!«, sagt der Richter.

Ich stehe in seinem Büro. DAS GESETZBUCH. Es geht um die Hemden. Er sieht mich an, er kneift die Augen zusammen. Er denkt lange nach.

»Die Hemden«, beginnt er, »die sind mir egal.«

Pause.

»Völlig egal. Aber dass du stiehlst, das macht mir Sorgen.«

Ich sehe ihn an. Er runzelt die Stirn, ballt eine Hand zur Faust. Es stimmt, was er sagt. Das ist ihm nicht egal.

»Wir haben darüber gesprochen! Oft genug! Diebstahl ist kriminell.«

Er schweigt. Dann fährt er fort: »Das weißt du genau!«

Ich nicke. Das stimmt, darüber haben wir oft gesprochen. Ich sage nichts. Ich möchte Robin Hood sagen. Und Jesus. Und dass der, der zwei Hemden hat, eines dem geben soll, der keines hat. Und Großmutter, möchte ich sagen, aber das nützt nichts.

»Was hast du mit ihnen gemacht?«

»Altkleidersammelcontainer«, sage ich.

Er zieht die Augenbrauen hoch, spitzt den Mund.

# SARA

So heißt meine kleine Schwester. Das habe ich erzählt. Sie baut Schlösser aus Legosteinen, rosa Prinzessinnenschlösser. Für Barbie. Barbie geht durch die Säle und steht auf dem Balkon und blickt in Saras Zimmer. Barbie liegt im Prinzessinnenbett und träumt von Ken.

Und Ken, ja, Ken reitet auf einem großen weißen Legopferd. Barbie und Ken. Ich und Anne, mein Vater und meine Mutter. Sara klopft an. Das habe ich ihr beigebracht. Von wegen einfach reinplatzen. In Wahrheit habe ich Sara gern. In Wahrheit habe ich meine Mutter gern. Meinen Vater, den Richter?

Sara kommt auf mich zu. Sie streckt den Arm vor, öffnet die Hand.

Da liegen zwei Zwanzigeuroscheine und ein Zehner.

Ich ziehe die Augenbrauen hoch.

»Das ist für dich«, sagt Sara.

»Für mich?«

»Für die Kinder.«

»Wirklich?«

Sara nickt. »Dann brauchst du nicht im Coop zu arbeiten. Und dann können wir wieder zusammen zur Schule gehen, jeden Tag.«

Ich sage Danke. Ich sage, dass Sara das Geld behalten soll, das ist doch ihr eigenes Geld.

»Das ist die Hälfte«, sagt Sara. »Ich hatte 100.«

»Und was ist mit dem Schloss?« Ich weiß, dass Sara auf ein Sommerschloss spart und einen Sommersee und einen sehr schönen Berg mit Bäumen und seltenen Vögeln, wo Barbie und Ken ihre Sommerferien verbringen und sich von all den täglichen Verpflichtungen erholen können, Ausstellungen eröffnen und Reden halten und durch die ganze Welt reisen.

»Das macht nichts«, sagt Sara.

»Danke«, sage ich wieder.

Sara nimmt die Geldscheine von der Hand und reicht sie mir.

## WARUM SCHWEIGEN GOTT UND SEIN SOHN JESUS?

Anne geht nicht zum Konfirmandenunterricht.

Sie glaubt nicht an Gott oder an Jesus.

»Ja, schon«, sagt sie, »Jesus ist sicher mit Palmwedeln und Eseln und Jüngern dort in Jerusalem unterwegs gewesen, aber er ist nicht Gottes Sohn.«

Ich erzähle ihr von den zwei Hemden.

Die Geschichte kennt sie.

Ich erzähle ihr von den Oberhemden, wie aus 30 15 wurden.

Sie lacht. Annes Lachen ist wunderschön. Ich werde froh, wenn sie lacht, dann vergesse ich alles. Dann kann ich alles, mich aufrichten und senkrecht in die Luft fliegen.

Wenn es nun Gott gäbe und seinen Sohn? Wenn es nun Jesus gäbe und sie gemeinsam Gott wären, dann könnten sie ehrlich gesagt doch die ganze Geschichte in Ordnung bringen! Dann könnten sie doch auch einfach sagen oder denken, dass jetzt mit Krieg Schluss ist!

Ich sehe, wie Jesus seine Hand hebt. Das bedeutet, nun hören alle Kriege auf. Ich sehe Gott nicken. Ich sehe alle Waffen verschwinden.

Und wenn es Gott gäbe, dann ließe er direkt bei all denen, die hungerten, Früchte und Bäume wachsen.

Ich sehe es vor mir: Aus dem Wüstensand wächst ein Baum mit Melonen und Gurken und Äpfeln und Birnen und Salat und Rosinen und Datteln.

Ich nicke.

Und wenn es Gott gäbe, dann gäbe es genug Hemden!

# UND DU SELBST?

»Und du selbst?«, fragt der Richter. »Wie viele Hemden?«

»Viel zu viele.«

»Schuhe?«

»Genug.«

Er schneidet ein Stück von dem größten Stück Fleisch ab. Der Richter bekommt immer das größte Stück. Das ist okay. Denn der Richter geht zur Arbeit und sorgt für Gerechtigkeit und dafür, dass die Verbrecher mit der richtigen Strafe und dem gerechten Strafmaß ins Gefängnis kommen. Er hat auch den größten Bauch.

»Aber nicht mehr«, sagt Sara.

»Nicht mehr?« Mein Vater sieht sie fragend an. Sie ist sitzen geblieben, obwohl sie gerade eine Prinzessinnenkutsche für das Prinzessinnenschloss baut. Sie benutzt nur rosa Legosteine. Sie hat die schwarzen rosa angemalt, die gelben, die blauen, alles ist rosa.

»Socken«, sagt sie.

Ich unterbreche sie. »Ein Paar Schuhe, eine Hose, ein Unterhemd und eine Unterhose, ein Paar Socken. Und ein halber Schlips.«

»Ein halber Schlips?« Er runzelt die Stirn. Richterstirnrunzeln. Ich nicke. »Ich habe nur einen Schlips. Deshalb.«

# DER BALKEN

Jesus hat das gesagt: Man sieht den Splitter im Auge des Bruders, aber nicht den Balken im eigenen. Ziemlich gut ausgedrückt.

Ich weiß es. Andere kritisieren ist leicht. Und dabei vergesse ich mich selbst. Was tue ich selbst?

Ich habe alles aufgeschrieben, was ich nicht richtig mache. Eine lange Liste. Eine schrecklich lange Liste. Ich besuche meine Großmutter viel zu wenig. Ich sollte ihr mehr helfen: staubsaugen, abwaschen.

Ich schicke nicht genug Geld an die armen und hungernden Kinder.

In die KHK kommt zu wenig Geld.

Ich bin zu wütend auf alle anderen.

Aber dafür habe ich Anne sehr gern. Und wo ich jetzt an sie denke, dann ist da ein Ziehen in meiner Brust. Das wächst aus der Mitte der Brust wie eine innerliche Wolke aus Luft. Sie reicht bis in die Arme, die sie umarmen wollen, die Wolke geht in die Beine, die wollen aufstehen und die Treppe hinunterrennen, durch die Tür und hin zu ihr. Die Wolke sitzt in den Augen, die sehen sie überall, sie steht plötzlich mitten in meinem Zimmer. Sie lacht. Anne!

Und Robin Hood. Ich habe noch mal nachgeschlagen. Es ist nicht so, wie ich geglaubt habe. Tatsächlich steht in den meisten Büchern, dass er ein Räuber ist, dass er stiehlt. Aber es stimmt trotzdem noch immer, dass er alles weggibt. Den Armen, den Waisen, allen, die in Not sind.

Aber er hat gestohlen.

Ich halte zu Robin Hood.

# KÖNIG KEN

Ich wollte Danke sagen, mich noch einmal für Saras Geld bedanken. Ich ging in ihr Zimmer, vorsichtig, sorgsam achtete ich darauf, nicht auf ihre rosa Welt zu treten.

Die breitete sich mit jedem Tag weiter aus. Jetzt ging sie die Wand hinauf, und dort, oben auf der Fensterbank, stand ein kleines Legoherz mit Rädern darunter. Es sah aus, als wollte es durch die Fensterscheibe hinaus in die große Welt fahren. Und die Richtung, merkte ich, war Süden.

Da lag Afrika.

Sara war nicht im Zimmer.

Ich drehte mich vorsichtig um, aber ehe ich ganz auf dem anderen Bein stand und hinausgegangen war, fiel mein Blick auf ein Stück Papier auf Saras Tisch mit Saras Schrift:

Meine Welt wird eine neue Welt.

Barbie ist Königin.

Ken ist König.

Niemand verhungert.

Sara.

# EINE STRASSE IN KOPENHAGEN

Der Richter kaut stumm.

Meine Mutter isst vor allem Gemüse.

Wir schweigen und warten.

Wann bemerkt der Richter die neue Regelung?

Sara schaut zur Decke. Das ist in Richtung ihres Zimmers mit den rosa Legosteinen. Mit der Kutsche, das klappt. Sie ist so gut wie fertig. Jetzt muss es noch eine Kutsche sein. Eine Hochzeitskutsche. Ich glaubte, Ken und Barbie seien schon verheiratet.

»Die Hemden«, sagt er, »das ist egal. Es waren sowieso zu viele, aber das war Diebstahl. Wer etwas von anderen nimmt, wer etwas nimmt, was nicht ihm gehört, der stiehlt. Er ist ein Dieb.«

DAS GESETZBUCH.

Eine Stange Lauch, eine gekochte Mohrrübe. Eine Kartoffel.

»Ich verstehe durchaus dein Argument.« Er sieht mich fest an. »Ich verstehe durchaus, was Johannes der Täufer gesagt hat.«

Ich sehe ihn an. Tut er das?

»Aber dort steht nicht, dass du stehlen sollst. Dort steht, wenn du selbst zwei Hemden hast, dann gib das eine dem, der keines hat. Dort steht nicht, dass man die Hemden von anderen nehmen und verteilen soll.«

Ich sage nichts.

Mir wird klar, dass er recht hat.

Ich schäme mich.

Ein weiterer Punkt muss der langen Liste meiner Fehler und Mängel zugefügt werden. Ein weiterer Punkt. Aber ich sage nicht, dass er recht hat. Das sollte ich tun. Aber ich kann mich nicht dazu überwinden, es zu sagen. Warum muss immer er am Ende recht haben?

Wir sind fertig, die rosa Hochzeitskutsche wartet. Meine Mutter hat Kopfschmerzen. Da sagt er: »Lies über die Blekingegade-Bande.«

Die Geschichte kenne ich. Im Fernsehen habe ich den Film gesehen, und Herr Olsen hat uns die ganze wahre Geschichte erzählt. Sie raubten Geld. Sie wollten den Palästinensern helfen. Ein gerechter Kampf, sagten sie. Es fing mit Geldsammeln an. Es endete mit einem getöteten Polizisten. Aber so ist es bei mir nicht. Ein klein wenig bin ich ein Räuber. Aber mein Kampf ist gerecht. Niemand soll sterben.

Johannes der Täufer und Jesus und Robin Hood halten zu mir!

# EIN EINZIGER SCHRITT

Ist es gerecht, dass man geboren wird und einen gleich der erste Schritt, den man tut, direkt zum Tod hinführt? Und was wird dort im Raum des Todes sein, wenn der zweite Fuß die Erde berührt?

Ist dort überhaupt etwas?

Ist dort nichts, nicht einmal Dunkelheit, nicht einmal Kälte, nicht einmal ein Wartesaal, sondern nichts? Tod und fertig. Großmutter zweifelt, ich sehe es ihr an.

»Gibt es für die toten Kinder Gerechtigkeit?«, frage ich. »Stehen Gott und Jesus und die geflügelten Engel mit großen Tellern voller Äpfel und Schweinebraten und Pommes und Coca-Cola und Weingummi bereit? Stehen die mit Nudeln und Fleischsoße und Fleischwurst und Frikadellen bereit? Mit 8000 vollen Töpfen?«

Großmutter nickt: »Ja, das tun sie!«

Aber ich kenne Großmutter. Sie ist sich nicht sicher.

Anne ist sicher: Dort ist nichts, wenn du in den Tod gehst, nicht einmal ein zweiter Schritt.

Anne weiß nichts von der KHK.

Das habe ich ihr nicht erzählt. Von Robin Hood, ja. Von Jesus und Johannes, ja, und von den zwei Hemden. Und dass es heißt: Wenn du zu essen hast, gib denen, die nichts haben. Eines Tages, habe ich beschlossen, erzähle ich es ihr.

# WIE MAN NACH AFRIKA KOMMT

Ich habe den Weg nach Afrika auswendig gelernt.

Mit dem Flieger ist das keine große Sache.

Mit dem Auto oder dem Fahrrad oder dem Moped ist es etwas komplizierter, aber ehrlich gesagt, wenn man einen guten Atlas hat oder, noch besser, wenn man googelt, dann ist es so leicht wie Hurra! zu rufen.

Ich habe allerdings nicht viel Hurra gerufen. Ja, für Anne würde ich das tun. Aber auch für die sterbenden Kinder? Immerhin rief ich.

Ich prägte mir die Strecke ein. Innerhalb Dänemarks war es klar. Dann nach Hamburg und weiter durch Deutschland. Jede einzelne Stadt und jedes Autobahnkreuz lernte ich auswendig. Dann Frankreich, dann Spanien. Dann Algericas unten bei Gibraltar.

Von dort ging die Fähre nach Afrika.

Im Geographieunterricht stand ich auf und spulte alle Bezeichnungen der Straßen und alle Städtenamen ab. Am Ende sagte ich, das sei der Weg nach Afrika.

»Prima«, sagte Frau List.

Sie freut sich, wenn jemand Lust hat, die Initiative zu ergreifen. So nennt sie das: eine Initiative.

»Willst du nach Afrika?«, fragte sie.

Ich schüttelte den Kopf. Das hatte ich nicht vor. Besser war, ich blieb in Dänemark und füllte die KHK-Kasse, aber das sagte ich natürlich nicht laut.

»Robin Hood mit der Hühnerfeder am Hut!«, rief John.

## DIE HEMDEN DES RICHTERS

Es stimmt. Im Neuen Testament steht nichts davon, dass man einem die Hemden wegnehmen und sie denen geben soll, die keine haben.

Der Richter hat recht. Ich habe lange darüber nachgedacht.

Ich habe ein Hemd in der Größe des Richters und von seiner bevorzugten Marke gekauft. Ein hellblaues mit einem diskreten, sehr diskreten weißen Streifen, und es in den Schrank gehängt. Bar bezahlt von meinem Taschengeld. Ich habe es in einer der Boutiquen in der Fußgängerzone gekauft, wo ich teure Klamotten für die KHK gestohlen habe.

Er hat es nicht entdeckt. Und ich habe nichts gesagt.

Also Robin Hood. Er nahm von den Reichen und gab den Armen. Ich habe die Bücher *noch* einmal gelesen. Und wann immer ich an die sterbenden Kinder dachte, war ich davon überzeugt, dass das, was ich tat, gerecht sei. Klar, das war stehlen. Das stimmt, aber es war gerechtfertigt. Ich half jemandem, der sonst keine Hilfe bekäme, deshalb nutzte es nichts zu sagen, dass im Fernsehen Spendenaufrufe kämen und dass CDs mit Liedern der Stars produziert würden und dass der Überschuss an die Armen ginge. Und dass jemand mit der Sammelbüchse an der Tür klingelte. Das war okay. Es war gut so! Es war sogar fantastisch. Auch dass wir alle gemeinsam einzahlten.

Aber. Das reichte doch nicht! Trotzdem erschienen sie dauernd, die großen wackeligen Köpfe mit den großen Augen. Es reichte nicht. Es war mehr Geld nötig.

Netbank. Passwort.

## 4279

Gestern wieder. Große wackelige Köpfe im Fernsehen.

Dann kam der Star, wie hieß er noch mal? Er sieht immer bedrückt aus, wenn er singt. Er starrte scheu vor sich hin, hob die Gitarre und sang von den hungernden Kindern. Schließlich schwieg er, und eine Träne lief ihm über die Wange. Ohne Worte, aber mit dem Song und der Träne und mit seinem deutenden Finger erklärte er uns, wir sollten Geld schicken. Jeder Anruf 10 Euro. Jede SMS 5 Euro.

Ich fuhr mit dem Rad zu Großmutter raus. Es seien Liebesbriefe, sagte ich ihr.

»Wie heißt sie?« Großmutter ist neugierig, aber zuallererst ist sie der beste Mensch der Welt. Ich glaube, sie besteht nur aus Güte. Innerlich ist sie durch und durch gut und freundlich.

»Anne.«

»Und sie ist süß?«

Hätte meine Mutter so gefragt, wäre ich sauer geworden. Hätte Sara gefragt, dann hätte ich vielleicht ihr rosa Prinzessinnenschloss umgekippt. Hätte der Richter gefragt, aber das tut er nicht, dann hätte ich ihn nur angesehen und den Mund gespitzt.

Aber Großmutter darf. Ich bin sogar froh, dass sie mich fragt.

»Und wie. Sehr, sehr süß.«

Dann ging ich nach oben. Die KHK steht dort in einem Schrank hinter vielen Tischdecken. Ich öffnete die KHK und zählte das Geld, dann fuhr ich mit dem Rad ans andere Ende der Stadt

und überwies alles an die Spendensammlung. Ich hatte gerech-
net: 12 967 Kinder konnten für einen Tag zu essen bekommen.
Oder 129 unterernährte Kinder brauchten nicht zu sterben.
Jetzt würde auch ihr zweiter Schritt ein Schritt ins Leben sein.
Die Dame lächelte. Eine große schwarze Locke fiel ihr über die
Wange. Ihr Lippenstift war sehr orangerot. »Das ist aber viel
Geld«, sagte sie.
»Wir haben in der Schule gesammelt«, sagte ich.
Sie nickte beeindruckt. Sie freute sich.
Anschließend fuhr ich zur Fußgängerzone und stahl einen teu-
ren Pullover für 200 Euro. Henrik Friis wollte mir nur 50 geben.
»100«, sagte ich und packte den Pulli zusammen.
»Du bekommst 80«, sagte Henrik.

# NICHT GANZ DICHT IM KOPF

Wieder oben bei dem freundlichen Schulpsychologen. Schweres Wort. Wir sprachen lange über Robin Hood. Und dieses Mal auch über die beiden Hemden. Er findet, ich denke zu viel nach. Er sagt, ich soll versuchen, Robin Hood mal eine Zeit lang zu vergessen.

Das alles mit Afrika, das sei Sache der Erwachsenen. Die müssen dafür einen Weg finden. Damit sollte sich ein Junge nicht herumquälen. Das sagte er ganz ernst, und ich glaube, er meinte es so. Wenn man nicht an die denken soll, deren zweiter Schritt direkt in den Tod führt, woran soll man denn dann denken? Das sagte ich. Und: Gut, das ist Sache der Erwachsenen. Aber wenn die Erwachsenen das nun nicht hinkriegen? Und das tun sie nicht! Solange die großen Köpfe mit den Fliegen immer wieder auftauchen, haben sie noch keinen Weg gefunden.

Und dann fragte er, ob ich eine Freundin hätte.

Bekam er darauf eine Antwort?

Natürlich nicht.

»Was hat er gesagt?«, fragte Anne.

»Er wollte über Robin Hood reden«, sagte ich.

Anne lachte. »Nur deshalb?«

Ich nickte. Und als uns keiner sah, gab ich ihr einen Kuss. Das mochte sie. Sie lachte nicht. Sie lächelte irgendwie sonderbar, so als wüsste sie gar nicht, was sie machen sollte, als würde sie gleich anfangen zu weinen, aber dann veränderte sich das Lächeln, ein neues erschien auf ihren Lippen, ein langsames, ein tiefes Lächeln. Kann ein Lächeln tief sein? Annes war es, und da fiel ich um, ganz schwindlig im Kopf, die Brust gefüllt, kippte ich in ihr tiefes Lächeln, und dann war es, als wollte sie wieder weinen, und ich hätte auch beinahe geweint, aber dann packte ich ihren Jackenkragen und zog sie an mich.

»War das nur deshalb, wegen Robin Hood?«

Ich nickte.

Anne weiß nichts von der KHK. Aber ich sagte trotzdem: »Die glauben, ich werde verrückt.«

Anne lachte.

Ich lachte.

»Verrückt«, sagte Anne.

»Verdammt verrückt.«

»Nicht ganz dicht im Kopf!«

# DAS IST NICHT SO GUT

»Das ist nicht so gut.« Anne neigte den Kopf zur Seite.

»Was ist nicht gut?«

»Verrückt«, sagte Anne und lachte. Das war der Schulpsychologe.

»Aber«, fuhr Anne fort, »Robin Hood.«

»Genau!«

»Aber das tust du nicht?«

»Tue was nicht?«

»Von den Reichen nehmen? Stehlen?« Dann lachte sie laut: »Abgesehen von den 15 Hemden?«

Ich schüttelte den Kopf. Das wollte ich Anne nicht erzählen, auch nicht das von Henrik Friis und der KHK. Ich traute mich nicht. Vielleicht würde sie dann sauer auf mich werden und weggehen. Nein!

»Ich finde das auch falsch.«

»Ja?«

»Dass die sterben.«

»Das ist eine Schweinerei.«

»Wir könnten in der Fußgängerzone sammeln?«

»Im Ernst?«

»Ja, genau wie alle anderen.«

Da gingen wir zur Fußgängerzone. Anne hatte eine kleine rosa Kasse. Bestimmt irgend so ein altes Prinzessinnendings. Aber es war hübsch, und sie hatte in den Deckel einen Schlitz geschnitten, wo man Geld reinstecken konnte. Und ich machte ein Schild, darauf stand: Sammlung für die hungrigen Kinder.

Da tauchte er aus dem Gewimmel auf, der Star, große Schritte, sich umschauend, segelte er heran. Ein stolzes Schiff, mit Wind im Haar. Die Träne auf der Wange war weg, aber der Schmerz lag noch immer wie ein Schatten über dem Gesicht.

Ich zog Anne am Ärmel: »Schau mal! Der da hat gesungen.«

Ich lächelte, nun bekamen wir das erste Geld in die Kasse!

Ich trat vor ihn hin, das Schild zeigte in die Luft, Anne hielt ihm die Kasse hin.

»Ich habe Sie singen gehört«, sagte ich. »Und jetzt sammeln wir.«

Er blieb stehen, zögerte, wollte weitergehen, aber dann blieb er doch bei uns stehen.

»Ihr habt den Song gehört? Mochtet ihr ihn?«

Ich nickte. »Und jetzt sammeln wir.«

Er spitzte die Lippen, überlegte, beugte sich zu Anne hin und sagte, mit ein bisschen Trauer bei jedem Wort: »Vielleicht ist es gut, dass sie sterben.«

Verblüfft machte ich den Mund auf: »Wie – gut, dass sie sterben?«

Fand er wirklich, es sei gut, dass sie starben?

»Vergesst nicht«, fuhr er fort, »es gibt schon jetzt viel zu viele Menschen. Es gibt nicht genug Platz, es gibt nicht genug zu essen. Am Ende sind wir selbst an der Reihe. Dann verhungern wir.«

Das hat er wirklich gesagt und sah dabei sehr weise aus, aber auch, als schmerze es ihn, so etwas zu sagen, denn es wäre doch, so verstand ich seine Trauer, er betonte jedes Wort und jede Pause so schön, »schade um die, die sterben«.

»Deshalb«, fuhr er fort, »hilft das nicht richtig, und das versteht ihr bestimmt: Euch selbst hilft es überhaupt nicht!«

»Aber Sie haben doch gesagt, dass wir Geld schicken sollen! Das haben Sie im Fernsehen selbst gesagt!«

Anne nickte kräftig.

Da lachte er. Danach lächelte er, gleichzeitig traurig und nachsichtig, wegen der Sterbenden und weil wir überhaupt nichts begriffen hatten: »Das musste ich doch. Ich sollte doch singen. Und da musste ich das mit dem Spendensammeln sagen.«

Erst später, als sein aufrechter und sehr schöner Rücken im Gewimmel der Fußgängerzone verschwand, begriff ich, dass er um seiner selbst willen gesungen hatte. Und nicht um derer willen, die sterben, wenn sie den zweiten Schritt tun.

# NICHTS

»Ich habe nichts, nur einen Euro!« Die alte Frau hob bedauernd
die Hände und lachte auf, und ehe Anne etwas sagen konnte,
hatte sie die Münze in die Prinzessinnenkasse gesteckt.

# FRAU NETT-ZU-KINDERN

»Das nützt nichts«, sagte Frau Nett-zu-Kindern. Sie schüttelte
ihren schönen Kopf. Und als würde sie erwägen, ob sie wirklich
recht hatte, fuhr sie sich mit der alten Hand durchs bläuliche
Haar. Sie zögerte kurz, sah mich an und wiederholte: »Das nützt
nichts, gar nichts!«
Ich wollte sie unterbrechen, das stimmte nicht. Ich war mir sicher, dass es nützte, aber noch ehe ich den Mund aufmachen
konnte, legte sie mir die Hand auf den Mund, lächelte noch
freundlicher und sagte: »Egal, was wir tun, es hilft nichts. Das
Geld verschwindet in einem großen Loch. Auf immer. Und
weißt du was, das, was nicht in das Loch fällt, das verschwindet
in den Taschen derer, die sowieso schon mehr als genug haben.«
Sie nickte, als hätte sie ihre Weisheit mit mir geteilt. Sie sah
aus, als stimmte, was sie sagte. Ich wusste natürlich, dass nicht
alles Geld an die richtige Stelle kam, dass überall Menschen
saßen und sich etwas davon in die eigene Tasche steckten. Und
wer weiß, vielleicht war ich ja eines Tages genauso gierig wie
sie. Aber noch nicht. Und hatte ich mir nicht selbst verspro-
chen, dass ich niemals aufgeben wollte?
»2 Euro«, sagte ich. »Es geht ihnen schlecht, sie hungern!«
»Das weiß ich«, sagte sie, und als wollte sie sich versichern, dass
Gott sie gehört hatte, hob sie die Augen und sah betrübt zum
Himmel.
»Nur 2 Euro.«
»Du bist ein guter Junge«, sagte sie, »aber das hilft nicht.
Die müssen das selbst hinbekommen. Und weißt du was . . .« Sie

zögerte. Dann nickte sie wieder, sowohl für sich wie für mich, doch eigentlich glaube ich, das Nicken wandte sich an die ganze Welt, denn sie war überzeugt, so klug zu sein: »Ich glaube gar nicht, dass die mit dem Geld umgehen können. Und deshalb ist es besser, wir helfen denen, die es brauchen.«

»Ja, aber!« Ich wurde fast laut und wollte sagen, dass wenn es jemand brauchte, dann … Aber sie war schneller. Wie können alte blauhaarige Damen doch schnell sein. »Nein, denk an unsere Armen, die Alten, die nicht genug zu essen bekommen und nicht die richtige Medizin. Dort können wir helfen, das ist es wert, und dass die sich freuen, das kannst du aber glauben.«

Sie blickte sich rasch um, als suchte sie nach jemandem, der für die Alten und Armen Geld sammelte.

»Es geht ja nicht ums Geld«, sagte sie, »das darfst du nicht glauben. Ich bin nicht geizig, und ich habe genug Geld. Es geht darum, dass es nicht hilft.« Sie sah sich um, fand, wonach sie suchte, nahm einen Geldschein aus dem Portemonnaie, ging drei Schritte zur Seite, faltete den Schein zusammen und ließ ihn durch die Schlitze des Gullideckels fallen.

Dann richtete sie ihren festen Blick wieder auf mich, sah mich untersuchend an, drehte sich um und ging weiter die Fußgängerzone hinunter.

# 33

So wenig. Ein Zwanziger, ein Zehner und drei Euro.

So viel kostet es, das Leben eines unterernährten Kindes zu retten.

Heute haben ich und das Kaufhaus Magasin fünf Kindern das Leben gerettet.

Gestern half H&M. Wir retteten drei Kindern das Leben.

»Geht's gut?«, fragt Großmutter.

»Mit Anne?«

Sie hebt die Hand an die Wange.

»Mit Anne geht's gut.«

»Weißt du, was es kostet, das Leben eines Kindes in Afrika zu retten?«

Sie hebt fragend die Augenbrauen.

»33 Euro.«

»Dann retten wir drei«, sagt sie, nimmt die Geldbörse und gibt mir 100. »Den einen Euro kannst du behalten. Kauf dir ein Eis.«

Sie lächelt.

Ich nehme das Geld, und auf dem Heimweg radele ich bei der Post vorbei. Giro. Als Einzahler schreibe ich Robin Hood.

# RECHNEN

In Erik Eriksens Stunde stehe ich auf.

»33«, sage ich.

»Schwere Rechenaufgabe?«, fragt Herr Eriksen.

»Ziemlich«, sage ich. »Ziemlich leicht.«

»33 dividiert durch 18 ist 1,83.«

Warum 18? Weil wir in der Klasse 17 Schüler sind, und plus Erik Eriksen macht das 18.

»Und die nächste Dezimalstelle?«, ruft Herr Eriksen.

»3«, sage ich.

»Robin Hood«, ruft John.

»Okay«, sagt Herr Eriksen, steckt die Hand in die Tasche, wühlt ein bisschen und zieht eine Zweieuromünze heraus. Er schnipst sie in die Luft, schnappt sie wieder und wirft sie mir hin.

»Ich nicht«, ruft John.

Trotzdem geben mir alle bis auf John 2 Euro.

# EIN KONTO DER BANK

Passwort.

Ich richte in der Innenstadt ein Konto ein. Das nennt sich Jugendkonto. Ich soll meinen Kinderausweis vorzeigen. Sie müssen wissen, wie alt ich bin.

»Ich brauche es im Internet.«

»Erst nächstes Jahr, wenn du 15 bist.«

»Ich bin alt genug fürs Internet.«

»Sicher, aber so sind die Bestimmungen.«

Ich habe die KHK leer geräumt. Das zahle ich aufs Konto ein. 4279.

Die Dame erklärt breit lächelnd, dass ich schon im nächsten Jahr Geld von einem Konto zum anderen überweisen kann. Wenn ich zum Beispiel ein Fahrrad kaufen will. Das ist mir klar. Sie findet es cool, dass so ein Junge wie ich ein Konto einrichtet.

»Wofür willst du es benutzen?«

»Ich werde konfirmiert«, sage ich. »Da bekomme ich bestimmt eine Menge Geld.«

Sie lächelt so ein feines bankartiges Lächeln, ein bisschen als hinge die Luft voller großer Scheine.

»Dann wünsche ich dir, dass richtig viel reinkommt«, sagt sie.

»Das hoffe ich auch«, sage ich.

Sie gibt mir eine blaue Broschüre. Wie dumm ist das denn! Glauben die wirklich, dass wir solche Idioten sind, die auf ihre elenden Broschüren reinfallen? Mädchen und Jungen sausen auf Inlinern durch die Gegend und lachen und schauen auf ihr Handy und sehen wahnsinnig smart aus. Und dann springen sie in die Luft. Warum springen die immer in die Luft? Das machen wir doch nie. Nicht mal im Sportunterricht. Und dann sitzen sie da, Wange an Wange. Aber das ist gelogen. Das ist arrangiert. Wie blöd! Ich werfe die Broschüre in der Fußgängerzone in den Müll. Die lügen! Wo sind die, die nicht essen? Die zu viel essen? Die sich selbst ritzen? Wo sind die, die morgen Selbstmord begehen? Wo sind die, die weinen?

Für die ist in der Broschüre kein Platz.

Wo sind die, für die der zweite Schritt ...?

# COOP, SONDERANGEBOTE

2 Beefsteaks: 9,99. Danpo Hähnchenfilet: 3,98. Anthon Berg
Pralinenbox Gold: 8,95. 2 Flaschen Monteré Corvina Rotwein:
20. Kamm vom Schwein, bratfertig: 10,95. Bornholmerhähn-
chen: 9,98. Schollenfilet: 12,99. Hähnchenbrust: 9,95. 3 Pakete
Langelander Würstchen: 11,50. Schinken, 2 Packungen: 5,98.
Gråsten Salat, 2 Stück: 3,58. Schweinefilet Royal: 7,59. Salami:
3,95. Stryhns Leberpastete: 2,49. Krabben: 3,39. 2 Pakete Pas-
tella, frische Pasta: 4,99. 3 Minikaktus: 3,60. 2 kg Mohrrüben:
1,79. 500 g Topinambur: 1,79. 10 Äpfel: 2,70. San Marzano Tomaten: 2,20. 1 Fl. Fontanafreda Rotwein: 15,99. 1 Fl. Crozes-
Hermitage: 7,99. Und 6 Fl. Santa Ana Reserve: 28. 1 Fl. Carmé-
nere: 3,30. 3 Fl. Santa Rita 17. 6 Fl. + 1 Magnum Bay View Rotwein: 33,99. 1 Whisky Clan MacGregor: 10,99. 1 Fl. Aalborg
Aquavit: 12,99. 2 Käse Saint Morgon: 6,70. Geriebener Käse,
2 Pakete: 3,33. 2 St. Käse Riberhus: 6,66. Saft, Tropicana: 2,69.
Coop Joghurt, 2 St.: 2,20. Kohberg Brot, 2 St.: 3,79. 3 St. Ama
Sonnenblumenmargarine: 3,98. Ökologische Schokoladentäfel-
chen: 2,28. 2 Liter Thise fettarme Milch: 2,10. 2 St. Kærgården:
3,39. Aulumgaard Tradition Honig: 2,69. 2 Pakete Skælskør
Obstgrütze: 3,39. 1 Fl. Beauvais Ketchup: 3,98. 2 Pakete Kel-
loggs: 6,66. 3 Glas Beauvais eingelegte Gurken: 4,50. 3 Tüten
Hatting Spezial Brot: 6,90. 2 St. Hähnchen oder Fisch im Blät-
terteig: 6. 2 St. Daloon Frühlingsrollen: 6,70. 2 Tüten Coop Gemüse: 3,98. 2 Pakete Eis: 7,98. 3 Tüten Gevalia Kaffee: 10,98.
3 Tüten Malaco Süßigkeiten: 3,98. 2 Pakete Punschrollen: 3,69.
Dan Cake: 2,28. 4 Fl. Coop Mineralwasser: 3,98. 2 Fl. Birkedrik:

3,98. Samba Supermix: 2,69. 2 Pakete Läkerol: 3,20. 5 Fl. Cidre: 7,39. 30 Fl. Tuborg: 16,99. 4 Tüten Kims Chips: 6,96. 5 Dosen Coop Catz: 3,98.

Insgesamt: 432,56 Euro.

Insgesamt: für 1310 Kinder einen Tag lang Essen. Und einen Tag lang für ein halbes Kind.

Oder: Insgesamt 13 Kindern das Leben gerettet und auch den zweiten Schritt ins Leben gesichert.

# ZIVILER UNGEHORSAM

Wir haben für 13 Euro gegessen. Also falls sie nach den Sonderangeboten eingekauft hat. Mannomann, wie viele Waren! Mannomann, alle diese Preisnachlässe, die ja doch keine Preisnachlässe sind, alles Schwindelei. Betrug und Schwindelei.

Darf man das?

Was sagt das Gesetz?

Darüber reden wir.

»Muss man sich immer ans Gesetz halten?«, frage ich.

Sara weiß nicht, was sie antworten soll. Sie bewegt Barbie hin und her, die mit uns am Tisch sitzt. Sie dreht Barbies Kopf um. Barbie nickt.

Meine Mutter sagt nichts, nicht heute. Sie hat Kopfschmerzen.

Mein Vater ist auf dem Weg zum GESETZBUCH.

»Immer!«, sagt er.

Da bin ich mir nun nicht so sicher. Heute sprach Herr Olsen über den letzten großen Krieg. Damals gab es auch Gesetze. Die gab es immer. Ganz früher gab es auch Gesetze, aber damals bestimmten die Reichsten und Stärksten, was im Gesetz stand und wie die Gesetze auszulegen waren. Erstaunlicherweise bekamen immer sie recht, auch wenn sie die Diebe und Räuber waren. Der Sheriff in Nottingham.

Dänemark war während des Krieges besetzt. Die Deutschen waren im Land. Widerstand war verboten. Leistete man trotzdem Widerstand und sprengte die Eisenbahngleise in die Luft oder eine Fabrik, die für die Deutschen arbeitete, und wurde gefangen, kam man ins Gefängnis. Und Schlimmeres. Manche wurden erschossen, manche kamen ins Konzentrationslager. Na, und dann? Ja, die meisten starben dort.

Widerständler. So hießen sie. Sie brachen das Gesetz. Herr Olsen nannte das »zivilen Ungehorsam«. Klingt super. »Also«, sagte Herr Olsen, »manches Mal ist es richtiger, das Gesetz zu brechen, als es einzuhalten.«

»Immer!« Der Richter ruft es fast. Aber er ruft es nicht mir zu, sondern meiner Mutter, der Lehrerin, die jetzt Kopfschmerzen hat. Ich weiß genau, was los ist. Wenn sie aufeinander sauer sind, bekommt sie Kopfschmerzen. Und damit, so denkt der Richter, bricht sie das Gesetz. Dann wird er laut. Dann liest er im Gesetzbuch.

»Immer?«

Er nickt. Isst. Nickt. Sieht mich an. Runzelt die Stirn.

»Herr Olsen«, sage ich und esse ein Stück Kartoffel. »Herr Olsen sagt, es war richtig, während der deutschen Besatzung im Krieg das Gesetz zu brechen.«

Er sieht mich wütend an.

»Herr Olsen nennt das zivilen Ungehorsam.«

Er kaut, immer das größte Stück für den Richter. Ist das gerecht?

»Die Juden«, sage ich.

Er runzelt die Stirn.

»Den Juden zu helfen war verboten. Jemand hat es getan. Sonst ...« Ich sehe ihn an.

Er nickt. »Das war richtig«, sagt er.

»Also«, sage ich.

Er unterbricht mich. »Aber nicht jetzt! Wir haben keinen Krieg, wir haben keine Besatzung. Jetzt muss man das Gesetz einhalten. Ich muss das. Du musst das, Sara muss das.«

Er sagt nicht, dass meine Mutter es muss, aber auf sie ist er wütend.

»Wenn jemand sonst stirbt«, sage ich, »und man ihm helfen kann, aber nur, wenn man das Gesetz übertritt, was dann? Darf man das dann? Ist das dann nicht richtig?«

# ANTIGONE

Kreon war König. Vor vielen Jahrhunderten. Antigones Bruder Polyneikes wurde im Krieg gegen seinen eigenen Bruder getötet. Kreon befahl, dass Polyneikes nicht begraben werden durfte, weil er ein Verräter war. Kreon ist das Gesetz. Doch Antigone begräbt ihren Bruder trotzdem, weil die Götter und ihr Gewissen es verlangen. Tote müssen begraben werden. Sie bricht das Gesetz. Aber ihr Gewissen sagt, dass es wahrhaftiger ist, das Gesetz zu brechen, als ihren Bruder auf dem Feld liegen zu lassen, wo er die Beute von Wölfen und Krähen wird. Zur Strafe wird Antigone in eine Höhle eingemauert. Und stirbt.

# ICH HABE NACHGEDACHT

»Du bist gut im Rechnen.« Der Psychologe lehnt sich ein kleines bisschen zu mir vor. Aber nicht viel. Er weiß, dass man nicht zu nahe kommen darf. Ich sage nichts.

»Die Lehrer sagen, du seiest tüchtig.«

Das weiß ich, das muss er mir nicht erzählen.

»Robin Hood«, sagt er.

»Nottingham«, sage ich.

Er lacht laut. Er ist froh, dass ich etwas sage. Er lehnt sich zurück und lacht noch immer ein wenig. Er weiß, dass er nicht zu viel lachen darf, und schon gar nicht losprusten. Es muss schwer sein, Schulpsychologe zu sein, man muss die ganze Zeit aufpassen. Nicht zu viel, nicht zu wenig, und glaubt man, so sei es richtig, ist es bestimmt haarscharf daneben. Mich stört es nicht. Er darf gern lachen.

Dann sagt er es wieder, so wie jedes Mal: »Ich kann gut verstehen, dass du wütend bist!«

Er dreht sich ein bisschen auf dem Stuhl, er wartet, dass ich etwas sage. Das brauche ich nicht. Dann sage ich, und das tue ich sonst nicht: »Das freut mich.«

Er nickt. »Du bist wütend, dass sie sterben.«

Ich nicke.

»Und dass wir nicht helfen!«

»Wir helfen«, sage ich.

»Aber nicht genug!«, sagt er, jetzt lehnt er sich zurück.

»Bist du auf deinen Vater wütend?«

Ich schüttele den Kopf. Auf ihn bin ich nicht wütend, nicht besonders wütend. Manchmal natürlich schon. Aber dass er blöd ist, finde ich. Er kapiert nichts. DAS GESETZBUCH. Aber wütend? Nein.

»Er hilft«, sage ich. »Wenn sie kommen, steckt er was in die Sammelbüchse.«

»Aber nicht genug?«

»Das tut niemand.«

»Seid ihr immer gute Freunde gewesen?«

Wovon redet er? Man ist mit seinem Vater nicht gut befreundet, ich bin es jedenfalls nicht. Man geht doch auch nicht mit seiner Mutter. Befreundet vielleicht mit der Prinzessin, meiner rosa Schlossbauherrin, vielleicht, ja. Sara und ich sind gute Freunde. Sie ist okay. 50 Euro. Da begreife ich es: dieses ganze Gerede über meine Eltern. Er glaubt, ich sei wütend auf sie und dass ich deshalb von Robin Hood und dem Sheriff rede. Dass alles daher kommt: Dass mein Vater der Sheriff ist und dass ich Robin Hood bin und dass wir das sind, weil ich auf meinen Vater wegen irgendetwas wütend bin, woran ich mich nicht mehr erinnere.

Herr Olsen hat uns das alles schon in der Sechsten erklärt. Herr Olsen ist total erpicht auf dieses Zeugs, alles ist verdrängt, alles ist etwas anderes, und egal, was du sagst und tust, der eigentliche und wirkliche Grund ist etwas ganz anderes, etwas, was du nicht mal selbst verstehst.

»So ist es nicht«, sage ich. »Das hat nichts mit dem Richter zu tun. Auch nicht mit meiner Mutter. So ist es nicht. Ich bin wütend«, sage ich. »Wütend, weil die sterben. Deshalb.«

# WIE WURDE DER RICHTER SO REICH?

Ich stehe hinter ihm. DAS GESETZBUCH. Er ist im Internet.
Er spielt Schach. Er gewinnt. Er lacht laut. Der Springer, so
heißt der, gegen den er spielt, geht direkt in die Falle. Und dann,
dann schnappt sich der Richter forsch einen Turm.
»Gut gegangen«, sage ich.
Er nickt. »Noch zwei Züge, und der Springer ist erledigt.«
Er bleibt sitzen.
Ich bleibe stehen.
Internetbanking. Dann geht er auf die Seite der Internetbank.
All die Konten. 13.
All das Geld. Woher kommt das?
Millionen.
Klar: Er arbeitet die ganze Zeit. Immer Meetings, immer. Ich
glaube, die Arbeit im Büro des Richters ist das wenigste. Lei-
tungsgremien, Verbände, Beratungen. Das Geld strömt herein.
Hat er selbst den Überblick über alles? Jetzt lacht er laut. Er hat
sich bei seinen Aktien eingeklickt. Die Kurse sind gestiegen.
Mit seinem Füller deutet er auf eine gezackte Kurve, die das
Steigen und Fallen der Aktien zeigt. Ich habe geglaubt, alle Aktien seien gefallen.
Als wenn er meinen Gedanken gehört hätte, sagt er: »Die meisten fallen im Augenblick, es kommt darauf an, die zu finden,
die trotzdem steigen, und sie dann zu verkaufen, bevor sie fallen. Das ist ziemlich leicht.«
Das begreife ich nicht. Im Fernsehen sagen sie, dass niemand,
niemand voraussagen kann, ob sie steigen oder fallen.

Ich weiß alle seine Passwörter.

Er hat etwas über 2 Millionen, mit denen er jongliert.

Heute Abend ist die Lehrerin guter Laune: »Pass auf!«, ruft sie.

Er lacht laut. Heute Abend wird er nichts im Gesetzbuch nachschlagen. Sie ist gesetzestreu. Sie gehen früh zu Bett.

2 Millionen. Und 250 646.

Das entspricht einem Tag Essen für 6 820 142 Kinder. Wie viele, die bald an Unterernährung sterben, könnten gerettet werden? 68 201.

Das ist leicht: klick klick klick klick ... und das Leben von 68 201 Kindern ist gerettet.

Du sollst nicht stehlen, das achte Gebot.

Ist der Richter Sheriff?

Bin ich Robin Hood?

In diesem Moment ... in diesem Moment sterben sie. In diesem Moment der zweite Schritt, nicht unter den Himmel und die Bäume, sondern in den Tod. Direkt hinein.

Aber ich überweise kein Geld.

# SING VON DEN ENGELN

Anne: »Sing von den Engeln.«

Wir sitzen zwischen lauter Plunder im Lager des Coop.

Anne glaubt nicht an Engel oder an Gott oder Jesus. »Gut«, sagt sie, »ich glaube, er war da unten in Jerusalem unterwegs und diskutierte mit anderen weisen Männern.«

Da singe ich. Keinen Song aus den Top Ten oder den Oldie-Charts oder von einer anderen Hitliste in Dänemark mit Liedern, die auch meine Großmutter gern hört. Mein Song ist jedes Mal anders. Den mache ich selbst. Die Worte und die Melodie:

>»Haben sie weiße Handschuhe an?
>Heben sie den Jungen auf, wenn er stirbt?
>Wedeln sie die Fliegen weg von seinem Mund?
>Öffnen sie seine toten Augen?
>Hauchen sie Leben in seine toten Finger,
>in seine Beine, und laufen sie nach drinnen
>zum Gabentisch im Paradies bei Gott?«

Anne lächelt, sie lehnt sich an einen Container voll mit Mineralwasser. Sie lächelt immer weiter: »Wie schön du singst! Ich wünschte, du hättest recht, dass sie wirklich dort zwischen den Wolken stehen und sie in dem Moment, wo sie sterben, in Empfang nehmen.«

»Vielleicht«, sage ich. »Vielleicht tun sie's.«

Kurz darauf fahre ich fort: »Vielleicht ist es ja so, dass das, was man denkt, auch stimmt.«

Anne lacht, aber anders als vorhin: »Wenn es so leicht wäre, dann könnten wir doch einfach denken, dass von nun an kein Kind verhungert.«

Das stimmt. Denken allein reicht nicht.

Ich sage nicht, dass ich heute acht Kinder vorm Sterben gerettet habe. Ich und das Kaufhaus Magasin.

# LETZTES JAHR

Letztes Jahr starben 750 000 Kinder in Afrika an Diarrhö. Das sind 2000 jeden Tag. Nichts auf der Welt ist leichter, als ein Kind zu heilen, das Diarrhö hat. Das kostet 5 Cent. Und dann gibt es auch noch Malaria. Die bringt in Afrika eine Million Kinder im Jahr um. Was für eine Scheiße!

# JETZT WEISS SIE ES

Anne wusste nichts.

Jetzt weiß sie es. Ich konnte nicht anders, ich musste es ihr erzählen, obwohl ich Angst hatte. Würde sie dann gehen? Von mir weggehen? Nicht mit mir gehen? Ich bin ein Dieb, so wie Robin ein Dieb war, besonders in einem der Bücher. Aber der Dieb, das ist doch der Sheriff von Nottingham. Das habe ich mir selbst mindestens hundertmal erklärt und auch meinem Vater und Sara und meiner Mutter und allen in der Klasse und Anne auch. Aber keiner von ihnen, auch nicht Großmutter, wusste, dass ich ein Dieb war.

»Wirklich«, sagt Anne und verzieht die Augenbrauen wieder so, dass mir ganz schwindlig wird. Es ist, als fiele Licht in ihre Augen und ströme gleichzeitig aus ihren Augen heraus. Es ist, als sei ihr ganzer Kopf, den sie gleichzeitig leicht auf die Seite neigt, als sei das Ganze ein großes Geschenk, nur für mich. Als solle ich das alles, was sie außen und innen ist, haben. Aber das Schreckliche ist, dass es gleichzeitig so ist, als verschwinde sie für mich, als drücke das alles aus, dass es doch gar nicht ich bin, der sie haben soll. Dass ich, ziemlich bald, in fünf Minuten gar nicht mehr der bin, für den sie den Kopf auf die Seite neigt. Furchtbar: zugleich ganz nah und am Verschwinden!

Ich sagte, dass es stimmte, ich sagte Robin Hood. Ich sagte zwei Hemden, ich sagte vier Brote, ich sagte 2 Millionen.

»Hast du 2 Millionen gestohlen?«

»Die sterben jedes Jahr«, sagte ich. »An Diarrhö.«

Sie hob den Kopf, neigte ihn zur anderen Seite. Jetzt traf das

Licht auf ihr linkes Auge, und das Licht fiel aus dem rechten mir direkt vor die Füße.

»Das weiß niemand«, sagte ich.

»Nur ich ... jetzt.«

»Nur du.« Ich sagte nichts mehr. Jetzt war es gesagt, ich konnte nicht allein damit herumlaufen. Ich musste es erzählen. Und zwar Anne. War das dumm? Das war es, sagte ich stumm zu mir. Allen anderen, aber doch nicht Anne. Jetzt ist Schluss. Jetzt geht sie. Aber das tat sie nicht. Sie blieb stehen. Ich blieb stehen. Wir blieben stehen. Asphalt. Licht. Wie schön sie ist, wie sehr fürchtete ich mich. Sie war das Beste in meinem Leben, und ich fürchtete mich auf einmal so sehr. Ich begann zu zittern, erst die Hand, die eine, dann die andere. Dann das linke Bein und schließlich zitterte ich am ganzen Körper.

»Du zitterst«, sagte Anne.

Das stimmte. Ein gewaltiger Zitteraal.

»Du musst keine Angst haben«, sagte Anne. Still und vorsichtig legte sie eine Hand auf meinen Arm, danach auf meine Schulter, und die Hand drückte mich freundlich. Aber ich zitterte immer weiter.

# DAS GESETZ

Jesus brach das Gesetz. Jesus heilte den Kranken an einem Sabbat. Das Gesetz der Juden war eindeutig: Niemand durfte an einem Sabbat arbeiten. Die Hohepriester, die Schriftgelehrten und die Pharisäer, diejenigen, die die Macht hatten, wurden zornig auf Jesus, und sie beschlossen, ihn zu töten, weil er das Gesetz brach. Und so, das wissen wir, endete es: Jesus wurde getötet.

# NEIN

Nein, Anne ging nicht.

Anne sagte, es sei falsch. Es sei nicht richtig, von den Geschäften zu stehlen. Anne sagte, dass sie mich verstehe. Dass sie auch finde, es sei entsetzlich und falsch, dass alle diese Kinder sterben.

»Nur ein einziger Schritt«, sagte ich.

»Nur ein einziger«, wiederholte Anne. »Der nächste führt direkt in den Sarg.«

»Nicht in den Sarg«, sagte ich. »Für einen Sarg ist kein Geld da.«

»Das stimmt«, sagte Anne. »Es geht direkt in die Erde. Kein Sarg.«

»Und dann vielleicht hinauf zu Gott?«

Anne schüttelte den Kopf.

»Nicht hinauf«, sagte sie. »Die bleiben unten in der Erde. Die werden zu Palmen und Büschen und Bäumen.«

»Und zu Vögeln«, sagte ich. »Die Vögel fressen die Früchte der Bäume. Auf diese Weise kommen sie doch hoch in den Himmel.«

»Ich weiß nicht«, sagte Anne. »Ich weiß nicht, was wir tun sollen.«

Ich wusste es: Ich wollte weitermachen, ich konnte nicht einfach so tun, als wäre nichts. Jede Minute: Der zweite Schritt ist der letzte, direkt in die Erde. Aber jedes Mal, wenn ich das vor mir sah, sah ich auch die Engel. Die kamen ganz von allein. Sie waren weiß, die Flügel waren weiß, sie strahlten, sie leuchteten, als wären sie ganz aus Licht. Und jeder Engel, und da waren Tausende Engel, jeder Engel ergriff ein totes Kind und flog damit hoch in den Himmel.

»Nein«, sagte Anne. »Die bleiben unten in der Erde.«

Dann, dachte ich, dann ist es noch wichtiger, dass ich helfe. Dann ist es noch schrecklicher.

# ABER

»Aber irgendwann«, sagte Anne. »Irgendwann, vielleicht bald, wirst du doch entdeckt. Das ist immer so. Und dann?«

Das wusste ich. Ich war doch nicht dumm. Mir war sehr wohl klar, dass ich entdeckt werden würde, dass es der Richter erfahren, dass es mächtig viel Ärger geben würde.

Ich wusste nicht, was dann passieren würde.

Vielleicht schickte mich der Richter aufs Internat. Davon hatte er schon vor einigen Jahren gesprochen. Vielleicht, vielleicht ...

»Ich weiß es nicht«, sagte ich.

»Vielleicht wäre es das Beste aufzuhören«, sagte Anne.

»Ja, das wäre es«, sagte ich. »Aber ich kann nicht. Ich muss helfen. Einer muss, verdammt, einer muss helfen. Die sterben, jetzt, in diesem Augenblick.«

Ich schwieg. Dann rief ich: »Peng! Sie sterben!«

Anne sah mich ernst an. »Das stimmt«, sagte sie. »Aber was ist mit dir? Was ist mit dir und mir?«

Jetzt schwieg ich. Das war das Schlimmste. Mit uns durfte nichts passieren. Sie durfte nicht von mir gehen. Sie sollte immer bei mir sein. Immer! Ich wollte nicht, dass sie mich verließ. Nie. Meine Augen riefen ihr zu: »Bleib!«

»Ich geh nicht weg«, sagte sie, »aber vielleicht wirst du gehen müssen.«

»Nein«, flüsterte ich. Was meinte sie?

»Vielleicht schicken sie dich weg.«

# MEHR

»Gibt's noch mehr?«

Ja, tut es. Ich habe ihr nicht alles erzählt. Und so ist es passiert. Das, was es noch mehr gab.

Der Richter und meine Mutter waren im Theater. Shakespeare. Ich glaube schon, dass Shakespeare ziemlich gut ist. Herr Olsen sagt das auch. Davon versteht Herr Olsen etwas. Er sagt, dass wir ihn bald lesen. Romeo und Julia. Von denen habe ich gehört. Und jetzt, wo ich das schreibe, denke ich natürlich an Anne. Sie sterben beide, Romeo und Julia. Wir werden nicht sterben. Das habe ich mir geschworen. Wir werden nie sterben, wir werden immer leben. Uns immer gern haben, uns immer beschützen. Anne soll immer ihre Hand schützend und zärtlich auf meine Schulter legen, und egal was, ich werde sie immer beschützen. Ich werde mich vor sie stellen, und dann können sie womit auch immer angefahren kommen, mit was auch immer schießen, rufen, was sie wollen, ich bleibe stehen, immer! Immer! Immer stehe ich vor ihr und beschütze sie. Und wenn ich sterbe! Und wenn ich umfalle. Ich falle und im Fallen beschütze ich sie, reiße sie mit, aber nicht so, dass sie stirbt, sondern dass mein toter Körper sie beschützt. Aber so soll es nicht kommen, denn wir sollen uns ewig, ewig, ewig gern haben.

Aber es gab mehr. Und was war das? Das war Geld für die Kinder. Geld, damit einige, nicht alle, aber doch mindestens ein paar den zweiten, den dritten und den vierten Schritt auf der Erde tun durften, die in Afrika an einigen Stellen rot ist. Das habe ich im Fernsehen gesehen. Und einige Stellen sind weiß wie Mehl, aber das ist kein Mehl, und einige Stellen sind grün, wie Äpfel und Birnen, und dort gibt es Früchte, alle Sorten Früchte gibt es in Afrika, aber was hilft das, wenn kein Geld da ist, um die Früchte zu kaufen?

Und statt dass die hungernden und sterbenden Kinder einen Apfel bekommen, werden die schönsten und größten Früchte nach Europa geflogen. Zum Coop. Johnny bringt sie jeden Mittwoch. Wir fahren sie am Morgen auf Wagen ins Lager und, bestäubt mit Wasser, in die Obstabteilung, und am Abend bringe ich sie zurück in den Kühlraum, und am Ende, wenn sie anfangen schlecht auszusehen, werfe ich sie in den Abfallcontainer.

Mit dem Flugzeug weg von den sterbenden Kindern und dann in den Abfallcontainer. Das ist merkwürdig! Warum ist das so?

Kann denn niemand sehen, wie verrückt das ist!

Hilfe!

Ja, es gab mehr: Das Internetbanking.

Ich saß in seinem Büro. Es war so leicht: öffnen, ins Internet gehen, Passwort, weiter, Geld überweisen. Ich überwies 3000 für die Kinder in Afrika. Das war insgesamt für einen Tag Mahlzeiten von 9090 Kindern, oder das Geld rettet insgesamt 90 Kinder vorm Sterben. Gut gegangen, Richter, dachte ich.

»Was machst du?«

Ich drehte mich um. Das war Sara.

»Nichts. Ich mache nichts, ich wollte nur mal was sehen.«

»Porno?«

Ich lachte. Sara wusste, dass ich Pornos angesehen habe. Und das hatte sie auch, obwohl ihr Pornos vollkommen egal waren. Sie hatte gehört, wie Mädchen in der Klasse darüber redeten. Da wollte sie selbst sehen, was das war. Aber wichtig waren Legosteine. Barbie und Ken. Rosa Legosteine, die waren wichtig.

»Sie kommen jetzt«, sagte sie.

»Danke«, sagte ich und schaltete aus.

Das Geld war abgeschickt.

Das war das, was es noch mehr gab.

»Das Internetkonto meines Vaters«, sagte ich.

Anne hörte zu. Sie fragte mit den Augen, sie öffnete die Lippen, sie hatte sich das gedacht. Anne ist ziemlich klug. Anne ist fast doppelt so klug wie ich.

»Hat er es gemerkt?«

Nein. Noch nicht. Bestimmt gar nicht. Ich habe es genau so gemacht, wie er es gemacht hätte.

»Nein«, sagte ich, »das merkt er nicht.«

# GESETZBUCH

 *Wegen Diebstahls wird bestraft, wer ohne Zustimmung des Besitzers eine fremde bewegliche Sache entfernt, um sich oder anderen durch diese Aneignung einen unberechtigten wirtschaftlichen Vorteil zu verschaffen. Mit beweglicher Sache gleichgestellt wird hier und im Folgenden eine Energiemenge, die zur Hervorbringung von Licht, Wärme, Energie oder Bewegung oder einem anderen wirtschaftlichen Zweck hergestellt, aufbewahrt oder in Gebrauch genommen wurde.*

# TAUSEND POSAUNEN

Stehen sie mit tausend Posaunen bereit? Mit Geigen, Harfen, Trommeln und Flöten? Singen sie mit tausend Mündern? Schlagen hunderttausend Flügelpaare den Takt, und sitzt Jesus auf einer Wolke und dirigiert Orchester und Chor? Und geht ihnen Gott entgegen und heißt sie willkommen? Ist für sie gedeckt? Würstchen, Coca-Cola, Obst, Marmelade, Brot, Fisch und Braten, Rosinen und Leberpastete, Pizza? Stehen saubere Teller auf weißen Tischtüchern?

Wird anschließend getanzt?

Stehen sie mit tausend Posaunen bereit, wenn ihr zweiter Schritt ins Paradies führt?

Gibt es Palmen?

# DER RICHTER WIRD WÜTEND

3000 ist doch im Grunde viel Geld.

Rechnet man es um in Legosteine, wird das ein ziemlich großer Haufen.

Man kann weit fliegen, Ferien weit draußen auf dem Meer auf einem großen Schiff an merkwürdigen Orten machen. Fast endlos reisen für 3000 Euro.

Jetzt sind sie nach Afrika gekommen, und der Richter hat es nicht gemerkt. Damit hatte ich auch nicht gerechnet. Er bewegt die ganze Zeit Gelder hin und her. Unter Garantie weiß er kaum, wie viel er hat. Ich habe gehört, wie er mit all dem Geld prahlte, das er verdient. Und er sagte: Ja, ich schaffe es kaum, das zu verbrauchen.

Jetzt habe ich ihm geholfen.

Aber ich weiß: Das ist Diebstahl. In einem der Bücher nahm Robin von den Reichen und gab es den Armen. Robin hatte Lady Marian. Ich habe Anne. Vielleicht kommt sie und rettet mich, wenn ich entdeckt werde und bei Wasser und Brot ins Gefängnis komme, aber so ist das ja nicht mehr. Ich komme nicht ins Gefängnis. Das nennt sich Strafmündigkeit, und der Richter wird sich irgendetwas einfallen lassen, damit er nicht selbst zum Gespött wird: Ha! Der Sohn des Richters ist ein Dieb. Der hat nicht mal seinen eigenen Sohn unter Kontrolle! Ha!

Es war die Schule. Es war meine mangelnde Anwesenheit. Es war meine Arbeit beim Coop, wo ich Flaschen sortierte, im Lager aufräumte und die afrikanischen Früchte in die Obstabteilung mit der Berieselung fuhr. Was für ein Mist! Sie nahmen sie in Afrika weg und gaben sie den Reichen in Dänemark. Ein umgekehrter Robin Hood.

»Du gehst nicht regelmäßig zur Schule!«

Das konnte ich ja nicht leugnen.

Er war wütend. Die gelben Gesetzbücher auf dem Regal hinter seinem Rücken sahen wütend aus.

»Das geht nicht!«

Ich sagte, ganz still, ganz ruhig: dass es gut ging, dass es in der Schule nichts gab, was ich nicht verstand, dass ich in allen Fächern mitkam und dass es nicht nötig war, jeden Tag zu kommen.

»Das musst du aber!«

»Es ist nötiger, dass ich Geld verdiene und es nach Afrika schicke!«

Ich sagte nicht Robin Hood.

Er trug das Hemd, das ich von meinem Taschengeld gekauft und in seinen Schrank gehängt hatte.

»Du musst!«

Ich sagte nichts.

Stattdessen machte ich im Coop weiter. So viele Flaschen! So viele Äpfel und Birnen und Unterhosen und Rinderfilets und so viele Pakete mit Fischfilet. Und jetzt kamen neue knallbunte Früchte aus Afrika. So vieles landete im Abfallcontainer.

Am Ende sagte ich doch: »Die sterben!«

Er sah mich sonderbar an, gleichzeitig ärgerlich und wütend, unsicher und zweifelnd. Dann fuhr er sich mit der rechten Hand übers Gesicht und sagte: »Du kannst nicht die Welt retten! Du irrst dich! Du bist dabei, dein eigenes Leben zu ruinieren!«

Das sagte er, obwohl er nicht mal wusste, dass das mit der Schule ja noch harmlos war. Die Diebstähle, die waren Ernst. Doch davon wusste er nichts.

»Ist das verboten?«, fragte ich.

»Und ob! Und nun ist Schluss.«

# NICHT SCHLUSS

Da war nicht Schluss. Es fing erst richtig an.

Ehrlich gesagt: Ein Auto zu fahren ist nicht schwer. Nicht einmal einen Lastwagen, nicht einmal einen großen Kühlwagen voll mit Lebensmitteln: Salat, Äpfel, Birnen, Butter, Milch, alles. Früchte aus Afrika. Johnny hatte es mir beigebracht.

Anne!

Aber ich hatte Angst.

Was würde sich der Richter ausdenken?

Er sprach mit Herrn Olsen, mit dem Rektor und dem Schulpsychologen. Der Richter ist ein effektiver Mann, das wusste ich sehr genau. Der Richter hatte eine Lösung parat. Eine Lösung des Problems. Das Problem war ich. Noch ein paar Tage unten im Coop bei Berg und den Trabern, bei den Flaschen, die in unablässigem Strom klirrend und klappernd über das Band zu mir und den Kästen liefen. Und Frau Jansen, Emma Jansen mit den roten Haaren. Und Johnny, Johnny, der mir beibrachte, einen großen Kühlwagen zu fahren.

»Bald ist Schluss«, sagte ich zu Anne.

»Dann wird es besser?«, sagte Anne.

»Nein«, sagte ich, »das nicht. Dann wird es erst richtig schlimm. Er schickt mich weg.«

Mir wären beinahe die Tränen gekommen, als ich das sagte, aber ich biss die Zähne zusammen und sah ziemlich cool aus, als ob ich das natürlich schaffen würde, aber das würde ich nicht, das wusste ich. Und jetzt, wo ich mir immer sicherer war, was der Richter insgeheim plante, wurde mir klar, wie schrecklich das werden würde. Ich würde meine chaotische Mutter vermissen, ihr Staubsaugen und die merkwürdig nervösen Gesten am Esstisch. Und Sara, Sara und ihre rosa Legosteine, ihre Barbie und Ken, ihre großen Pläne, die Bauten, Schlösser, Kutschen, ihr unermüdliches Arbeiten an einer neuen Welt.

Und meinen Vater.

Auch ihn, wenn ich mir erlaubte, jenseits meiner Wut an ihn zu denken, auch ihn würde ich vermissen, aber am allermeisten: furchtbar, schrecklich, ich konnte den Gedanken gar nicht aushalten: Anne. Was sollte ich ohne sie machen? Ohne ihr Lächeln, ohne ihr Neigen des Kopfes, so dass das Licht in ihre Augen fiel und aus ihren Augen strömte. Anne! Ich konnte in Wahrheit den Gedanken, dass ich von ihr weggeschickt werden sollte, gar nicht aushalten, mir wurde schwindlig, und ich hielt den Gedanken an, ehe ich ihn richtig dachte.

Und Herrn Olsen würde ich vermissen, die Schule, alles, die Klasse.

»Er schickt mich weg«, sagte ich und lächelte ziemlich schräg und wild, um nicht zu weinen.

Anne sah das. Sie konnte ich nicht hinters Licht führen.

»Dann komme ich und besuche dich!«

Ich nickte. Ich konnte nichts sagen, mir schnürte sich die Kehle zusammen, meine Augen bereiteten sich auf die Tränen vor, obwohl ich ihnen befahl, fröhlich auszusehen.

# HAB ICH DAS GETAN?

War es deshalb? Um noch eine Zeit lang mit Anne zusammen zu sein? Vor allem deshalb? Nicht um der Kinder willen? Vor allem, das glaube ich inzwischen, um meiner selbst willen.

Ich setzte mich in Johnnys Kühlwagen.

Ich hatte die Erlaubnis erhalten. Vorfahren, zurücksetzen, vorfahren. Berg saß mit einem Kaffee über dem Programm vom kommenden Sonntag auf der Trabrennbahn. Johnny sollte ihm helfen. Berg hatte eine neue Methode entwickelt, wo Glück und Zufall den Schlüssel zum Gewinn auf der Trabrennbahn bildeten. Johnny hatte heute viel Zeit.

Ich fuhr, ich setzte zurück, ich fuhr vor.

Internat? Ich war jetzt sicher. Ich hatte im Arbeitszimmer des Richters eine Telefonnummer gesehen, und im Angesicht des Gesetzbuchs, schrieb ich sie ab und checkte sie an meinem eigenen Computer. Stimmte genau. Das war das Internat. Dort also sollte ich hin, weit weg, und jeden Tag zur Schule gehen! Kein Coop. Und das Schlimmste: Keine Anne.

Ich fuhr vor, ich setzte zurück.

Weg von Sara, meiner Mutter, Herrn Olsen, von allem. Ich hielt den Wagen an, zog den Schlüssel ab, saß still da. Steckte den Zündschlüssel wieder rein, startete, setzte zurück.

Saß still da.

Fuhr vor, bog auf die Straße und fuhr vom Coop weg.

# NACH AFRIKA

Ich parkte vor der Schule.

Jetzt hatte ich keine Angst mehr. In meinem Kopf war es merkwürdig klar. Ich konnte alles vor mir sehen: Ich holte Anne ab, wir setzten uns in den Kühlwagen und fuhren mit allen Waren nach Afrika. Auch den afrikanischen Früchten. Die sollten dahin zurück, wo sie herkamen, dort war mehr Bedarf für sie als im Coop, wo die Hälfte im Abfallcontainer landete.

Ich ging zu Annes Klasse.

Die sahen schon ziemlich verwirrt aus, aber ich nickte Anne zu, sie stand sofort auf und kam zu mir. Ich blieb einen Moment in der offenen Tür stehen, sah Anne an, griff nach ihrem Arm und zog sie mit auf den Gang.

»Internat«, sagte ich. »Er hat sich entschieden.«

Anne sagte nichts. Sie runzelte die Stirn. Sie wartete. Was würde ich sagen, was würde ich tun?

»Afrika«, sagte ich. Und ging den Gang hinunter zu dem großen Fenster. »Da«, sagte ich. Ich deutete auf die Straße und den Kühlwagen. Der sah ziemlich schick aus. Der Lack glänzte, die großen roten Buchstaben funkelten in der Sonne.

»Du bist verrückt!«, sagte Anne.

»Ich weiß«, sagte ich. Jetzt glaubte ich selbst, was mir alle, meine Eltern, Herr Olsen, der Schulpsychologe und der Rektor ohne Worte gesagt hatten. Ihre Augen hatten es längst verraten: Sie glaubten, ich sei verrückt und dass ich am Ende, bald, an einen Ort eingeliefert würde, wo man sich um verrückte Leute wie mich kümmerte.

»Das stimmt«, sagte ich. »Ein bisschen verrückt bin ich.«

»Sehr«, sagte Anne. Sie zögerte. Sie schwieg, dann fuhr sie fort:

»Und deshalb mag ich dich!«

»Wirklich?«, sagte ich. Ich hätte schon wieder weinen können, und ich dachte, wenn ich mir in den letzten Jahren erlaubt hätte, über all das Entsetzliche zu weinen, dann könnte ich damit mehr als einen großen Eimer füllen.

»Wirklich?«, wiederholte ich. Ich wollte es noch einmal hören. Noch mal! Immer! Immer sollte sie sagen, dass sie mich mag.

»Weil ich ein bisschen verrückt bin?«

Anne nickte, neigte den Kopf auf die Seite, runzelte die Stirn, kniff die Augen zusammen und betrachtete lange und eingehend Johnnys strahlenden, glänzenden und gewaltigen Kühlwagen.

»Bis ganz nach Afrika?«, sagte sie.

»Das hatte ich mir so vorgestellt.«

»Kann der so weit fahren?«

»Das ist für den ein Leichtes.«

»Benzin?«

Ich nickte. »Der fährt Diesel.« Ich hatte mir längst überlegt, dass wir jetzt zu Großmutter fahren und das Geld aus der KHK holen sollten.

»Yes«, sagte Anne und fuhr fort: »Was fährst du?«

»Lebensmittel, jede Menge Lebensmittel: Brot, Käse, Milch, afrikanisches Obst.«

»Hält das bis Afrika?«

Und da erklärte ich ihr, so wie Johnny es mir erklärt hatte, wie das insgesamt funktioniert und wie man die verschlossene Hecktür öffnete.

»Das alles kannst du?«

»Johnny hat es mir gezeigt.«

»Ist Johnny ein feiner Kerl?«

Ich nickte. Das war er, und für einen Moment dachte ich, dass Johnny vielleicht Probleme bekommen würde, weil ich das Auto gestohlen hatte. Aber da sagte ich mir, dass er keine bekäme. Ich war doch auf dem Weg nach Afrika und nicht er.

Dann verließen wir die Schule, gingen über den Asphalt, den ich in dem Augenblick sehr mochte, auch wenn er Dinge gesehen hatte, die nie hätten geschehen dürfen.

Wir hielten uns an der Hand.

Steckte Herr Olsen den Kopf aus dem Fenster und sah uns nach?

Ja. Aber er sagte nichts.

# GROSSMUTTER

»Das ist Anne«, sagte ich.

Der Kühlwagen stand vor der Tür. Er füllte die ganze Straße.

Großmutter sah uns an und dann aus dem Fenster auf den Kühlwagen.

»Willkommen, Anne«, sagte sie.

»Ich komme, um die Kasse zu holen.«

Großmutter nickte. Ich sah ihr an, dass sie nie, niemals geglaubt hatte, in der Kasse seien Liebesbriefe. Ich rannte die Treppe nach oben, machte den Schrank auf, leerte die Kasse und stopfte das Geld in meine Hemdtasche.

»Wir fahren«, sagte ich.

»Nach Afrika?«, sagte Großmutter.

Ich ging zu ihr, umarmte sie, ging zurück zu Anne, nahm ihre Hand, und zusammen liefen wir aus Großmutters Haus, die Treppe hinunter und zum Kühlwagen. So groß! So glänzend! Voller Kraft! Voller Salat und Käse und Äpfel und Birnen und afrikanischer Früchte. Brot, Eiern.

»Und wo liegt Afrika?«

Ich lachte. Das wusste Anne doch. Wir lernen alles in der Schule. Auch, wo Afrika liegt.

»Im Süden! In dieser Richtung!« Ich nickte und fuhr direkt in die Sonne. Da war Süden.

Noch hatten wir jede Menge Diesel. Für Hunderte Kilometer. Bis weit nach Deutschland hinein, und wenn der Tank leer war, konnte ich mehr kaufen.

Wir fuhren aus der Stadt, durch die letzten Vororte. Wir kamen am südlichen Coop vorbei. Ein Mann mit rotem Kopf und einem schönen Anzug winkte uns nach. Das war der Direktor des Ladens. Ich kannte ihn. Ich hatte ihn in Frau Jansens Büro gesehen, und jetzt starrte er uns verwirrt nach. Bestimmt hätte Johnny dorthin abbiegen und ausladen sollen, ging mir durch den Kopf.

Aber wir fuhren weiter. Richtung Süden, auf die Autobahn. Ich öffnete das Handschuhfach, schaltete mein Handy ab und ließ es in Johnnys Handschuhfach fallen. Anne sah mir zu, dann nickte sie, schaltete auch ihr Handy aus und schickte es auf denselben Weg.

Anne saß ganz still. Ich spürte, dass sie überlegte.

»Es dauert nicht lange«, sagte sie, »dann werden wir angehalten. Die fahnden nach dem Wagen.«

»Ich weiß«, sagte ich.

Mehr sagte ich nicht. Bis auf Weiteres fuhren wir einfach, ich öffnete das Seitenfenster, und donnernd fuhr die Luft herein, so dass meine Haare flogen. Ich wusste genau: Natürlich wurde nach uns gefahndet, natürlich wurden wir angehalten! Alles in allem war das, was wir taten, ziemlich bescheuert. Was ich tat. Und im Grunde war es auch ziemlich bescheuert, dass ich Anne mit hineingezogen hatte. Dann bekam sie auch Ärger, aber, und das sagte ich laut: »Aber dich halten sie nicht für verrückt. Dir passiert nichts.«

Anne kratzte sich hinterm Ohr, spitzte die Lippen und dann kurbelte sie auch ihr Fenster herunter, und jetzt dröhnte der Wind quer durch die Kabine.

Ich lachte laut. Und man stelle sich vor: Ich fing an, ein selbst komponiertes Lied zu singen, das sicher, wenn es aufgeschrieben würde, ziemlich merkwürdig aussähe. In erster Linie war es ein Liebeslied, und für wen? Genau! Für Anne! Aber ich sang auch von Gott und den unzähligen Engelsscharen und ihren leuchtenden Flügeln, und ich sang von Posaunen, Trompeten und himmlischen Geigen, und ich sang, jetzt bedrückt, von den Kindern, die an Diarrhö starben, und von denen, deren zweiter Schritt gleich in den Sarg führte, für den ihren Eltern auch noch das Geld fehlte, und deren zweiter Schritt deshalb direkt in die rote afrikanische Erde führte.

Weiter, südwärts, die Autobahn, der Wind dröhnte in der Kabine, und wir mussten fast schreien. Wir lachten.

»Und dann halten sie uns an!«

# HINEIN

Wir fuhren in den Frühling hinein.

Bei Hadersleben war eine Böschung ganz weiß. »Buschwindröschen«, sagte Anne.

Bei Apenrade, davor und danach, standen dicht wie ein Wald weiße Bäume.

»Mirabellen«, sagte Anne.

»Kennst du alle Bäume und Blumen?«

»Ja, die meisten kenne ich.«

Ich dachte, es sei gut, die Namen von Bäumen und Vögeln, Blumen und Gräsern zu kennen. Ich beschloss, dass ich, wenn wir wieder nach Hause kamen, so etwas lernen wollte, alles.

»Der Frühling ist ein neuer Anfang«, sagte Anne.

Ich dachte: Das stimmt. Alles beginnt von vorn, jedenfalls in der Natur.

»Gibt es für Menschen auch einen Frühling?«

»Ja, den gibt es«, sagte Anne.

# DER STREIFENWAGEN

Dann kam der Streifenwagen.

Das Blaulicht blinkte, die Sirene heulte.

Wir sahen uns an. Jetzt war die Fahrt zu Ende. Keine Tour nach Afrika mit Brot und Eiern und Milch und afrikanischen Früchten.

»Da kommen sie«, sagte Anne.

War sie erleichtert?

War Freude in ihrer Stimme?

In meiner nicht, ich begann aufs Neue mein Lied, fuhr nicht langsamer, sondern tat so, als wäre kein Streifenwagen mit Blaulicht und heulenden Sirenen hinter uns.

Ich kam ziemlich weit. Nun hatte mein Lied zwar weder Strophen noch einen Refrain, aber ich glaube, wäre es ein normaler Song gewesen, hätte ich zwei Strophen geschafft, bis der Streifenwagen uns eingeholt hatte.

Ich richtete mich darauf ein, an die Seite zu fahren, immer noch singend, immer noch mit wehenden Haaren, aber jetzt bereit, vor Wut und Ärger loszuheulen. Alles war umsonst. Was ich getan hatte, hatte nicht geholfen, taugte nichts, und schon gar nicht die Fahrt mit Johnnys Wagen. Aber dem Streifenwagen war Johnnys Kühlwagen egal, der raste weiter über die Autobahn, mit mindestens 160 Stundenkilometern, und einen Moment später war er in einer lang gezogenen Kurve verschwunden, hinter einem Wald und einem Bauernhaus, das zu einem Märchen zu gehören schien.

Märchen kenne ich. Erinnerte es mich an das Hexenhäuschen,

auch wenn dieses hier mit Stroh gedeckt war? Sah ich dort Hänsel und Gretel vor dem Haus stehen, als wir mit 90 Stundenkilometern einfach weiter gen Afrika sausten?

»Die meinten uns nicht«, sagte Anne.

Klang sie enttäuscht?

Ich verstand sie gut. Also ehrlich, gibt es etwas Verrückteres, als mit einem gestohlenen Kühlwagen nach Afrika zu fahren? War das nicht das Letzte, was ein normaler Mensch unternehmen würde? Und trotzdem, trotzdem machten wir so weiter, wir riefen uns zu, und ich sang. Ich glaube, ich habe nie, niemals ein wilderes und innerlicheres Liebeslied gesungen. Und werde es auch nie wieder tun.

# ROBIN HOOD

Wir hielten an, tranken deutsches Mineralwasser, tankten voll, fuhren weiter. Anne schlug vor, wir sollten den Kühlwagen öffnen und etwas von den leckeren Sachen essen, die eigentlich verlockend auf den Regalen im Coop liegen sollten. Aber das sollten wir nicht. Ich erklärte ganz gelassen, die Waren seien alle für die Kinder in Afrika. Ich konnte selbst hören, dass das ziemlich durchgeknallt klang. Aber genauso sollte es sein. Stattdessen kauften wir deutsche Burger und Pommes, die genau wie die dänischen waren, und wir bezahlten mit meinem Taschengeld. Solange das reichte, würden wir nichts von dem Geld in der KHK nehmen.

Anne verstand im Grunde gut, was ich meinte. Es stimmte schon, dass wir nichts von dem nehmen sollten, was nun mal für die Kinder in Afrika bestimmt war. Bis auf Weiteres mussten wir mit meinem Geld zurechtkommen.

»Und meinem«, sagte Anne.

Ich sah sie überrascht an.

Sie öffnete ihr Portemonnaie. Dort lagen zwei große Scheine.

»Bist du auch zu Robin Hood geworden?«

»Das ist mein Taschengeld«, sagte Anne.

Wir saßen auf einer Raststätte in Deutschland, bei Bielefeld, neben dem Kühlwagen. Von der Autobahn war unablässig, Schlag auf Schlag ein Sausen zu hören und ein dumpfes Dröhnen, sobald ein großer Laster vorbeidonnerte. Vom Wind und dem Lied und der Reise war ich wie benommen. Und Anne ging es genauso. Als wir aufstanden, wären wir beinahe wieder umgekippt. Wir lachten und fielen uns in die Arme.

»Wo sollen wir schlafen?«, fragte Anne. Wir fuhren weiter, nun ins Abendlicht, ins Dunkel der Nacht hinein. »Ich habe geglaubt, in so einem Auto gebe es ein Bett.« Sie blickte nach hinten.

Das hatte ich auch geglaubt. Aber das war ja kein Wagen für lange Strecken. Johnny fuhr jeden Abend zurück nach Hause und schlief in seinem eigenen Bett. Was Johnny wohl dachte? Es tat mir leid, dass ich sein Vertrauen missbraucht hatte. Wenn ich wieder nach Hause kam, wollte ich mich entschuldigen. Entschuldige, Johnny, das war falsch, aber den Kindern gegenüber war es richtig. Einen Moment lang dachte ich, dass Johnny mich verstehen würde. Berg nicht, Frau Jansen nicht, der Richter gar nicht. Meine Mutter? Ja! Und Sara? Ja! Und Großmutter. Großmutter verstand alles. Hätten wir Großmutter mitnehmen sollen? Ich glaube nicht, dass Großmutter Afrika und den roten Sand und die Palmen und Dromedare und die Wüste schon gesehen hat. Vielleicht nicht.

»Wir könnten im Auto schlafen?«, sagte Anne.

»Das könnten wir«, sagte ich, »aber in einem Hotel ist es besser. Wir müssen gut schlafen, morgen müssen wir weit fahren, fast bis nach Afrika. Bis hinunter nach Frankreich und Spanien, vielleicht bis hinunter nach Gibraltar, wo die Fähre ablegt.«

»Ziemlich weit«, sagte Anne.

»Ziemlich verrückt«, sagte ich.

Anne lachte, ich lachte.

»Da«, sagte ich, »dort schlafen wir.«

Ein großes Licht tauchte aus der Dunkelheit auf. Ein Schild mit leuchtenden Buchstaben: DIEB.

»Dieb«, sagte Anne. »Das bedeutet Dieb.«

»Merkwürdiger Name für ein Motel.«

»Die in Deutschland wissen es«, sagte Anne.

Es stimmte. Hier wurde auch nach uns gefahndet. Das war mir völlig klar, aber wir mussten den Kühlwagen des Coop ja nicht direkt vorm Eingang zum Motel parken. Ich wusste, wie man das machte.

Ich hatte mehr als dreimal gesehen, wie der Richter auf eine Rezeption zuging, zu einer Theke, und Zimmer für sich und meine Mutter und für mich und Sara bestellte. Das war nicht schwer. Und Deutsch! Ehrlich gesagt, ist das fast wie Dänisch.

Sie stutzten, sahen uns prüfend an, aber ich war ziemlich cool und stellte uns mit einer munteren Geste als Herr und Frau Dieb vor.

Da lachten sie.

# OB WIR UNS KÜSSTEN?

Küssten wir uns im Bett? Ja. Umarmte ich Anne? Ja. Berührte ich ihre Brust? Ja. Kuss, Kuss und noch einen, noch viele. Noch mehr?

Ich träumte von Robin Hood und Johnny und Sara, ein einziges großes Durcheinander. Anne wachte auf, sie weckte mich, küsste mich, ich küsste sie, so wild und merkwürdig. War das, weil wir uns fürchteten, weil uns schwindlig war und wir benommen waren von der weiten Fahrt? Vor allem, weil wir nicht wussten, was passieren könnte, was passieren würde. Und um alles zu vergessen, küssten und küssten wir uns, und meine Lippen fingen an zu bluten.

»Du blutest«, sagte Anne.

»Ich blute?«, sagte ich. »Blutest du vielleicht?«

Sie weinte wieder. Ich sprang aus dem Bett. Ich lief im Zimmer herum. Ich dachte an Johnny. Auf einmal, ganz plötzlich, dachte ich an Sara. Ich sah ihre rosa Legosteine, ihr großes Projekt, ihre neue Welt, in der Barbie und Ken Königin und König waren und wo alles richtig und gerecht war und wo niemand an Diarrhö starb oder verhungerte.

Erst jetzt begriff ich Saras Anstrengungen wirklich. Und als ich Saras Gesicht sah, all die Legosteine, die Berge, Tiere, Flüsse und die wunderschönen Schlösser, da wurde ich ruhig, setzte mich zu Anne und strich ihr übers Haar, bis sie nach und nach zu weinen aufhörte und einschlief.

# FRANKREICH

Keine Streifenwagen.

Eine Sackgasse. Ich weiß, was das bedeutet. Aber wir fuhren weiter. Autobahnen. Ich kannte doch den Weg nach Afrika. Auswendig. Ich hatte ihn studiert und Stück für Stück gelernt.

»Das sieht schön aus«, sagte Anne.

Das stimmte: schöne Bäume, die oben spitz zuliefen.

»Die heißen Zypressen«, sagte Anne, sie kennt tatsächlich die Namen aller Bäume.

Weiße Häuser, gelbe Ziegeldächer, Kirchen, die in den blauen Himmel ragten, Orte, hoch oben auf Hügeln, wir fuhren unten in den Tälern, immer weiter, nach Süden, immer nach Süden.

Ich sang wieder ein Lied von Afrika und von den Kindern. Es bekam einen neuen Refrain, aber erst als Anne fragte, warum ich Sackgasse sang, wurde mir das bewusst.

Es war unser zweiter Tag im Auto.

Es war Donnerstag.

Am kommenden Sonntag sollte ich in der Kirche konfirmiert werden.

»Du sollst am Sonntag konfirmiert werden«, sagte Anne. »Können wir das schaffen? Nach Afrika fahren und wieder zurück?«

»Das können wir nicht«, sagte ich.

Es gab keine Straßensperre, es gab keine Sackgasse, aber das Wort Sackgasse tauchte immer öfter auf. War das alles insgesamt total und vollkommen verrückt? Ich sah es doch selbst: ein Auto voller Lebensmittel und afrikanischer Früchte. Was sollte das helfen? War das nicht eher zum Lachen als eine Hilfe? Aber wenn ich so dachte, sagte ich das nicht laut, dann fuhr ich langsamer. Sollte ich anhalten, sollten wir umkehren? Aber dann wurde ich wütend auf mich, natürlich sollten wir weiterfahren. Und ich fuhr schneller, und wir sausten durch ein langes, langes Tal. Langres, Dijon, Macon, Villefrance, Lyon, Valence. Alle Städtenamen hatte ich auswendig gelernt.

Gegen Abend fuhren wir am Mittelmeer an einen Strand.

Dort lag ein kleiner Ort. Wir aßen französische Burger und Pommes. Wir tranken französisches Mineralwasser, und jetzt, am Strand, im Windschatten des Kühlwagens und seiner großen glänzenden Buchstaben und mit dem Rücken an einem der hohen Räder, sang Anne.

Jetzt sang Anne.

Sie sang von meinen Lippen. Sie sang, dass sie bluteten. Ich summte mit, ohne das Wort Sackgasse, aber das lag parat, die ganze Zeit, direkt hinter Annes Worten, auf dem Wind voller Salz. Und der Kühlwagen brummte mit. Vibrierend und singend stand er hinter uns. Aber das Wort Sackgasse begleitete uns, es lag auf dem Wasser, als wir anschließend in die Wellen stiegen.

Wir schliefen im Auto. Anne der Länge nach auf dem Sitz, mit dem Kopf auf meinem Schoß. Ich saß aufrecht mit Aussicht auf das unermesslich weite Meer.

»Die wissen alles«, sagte Anne.

»Bestimmt«, sagte ich.

»Dass wir in Johnnys Auto fahren.«

»Und dass wir auf dem Weg nach Afrika sind.«

»Deshalb«, sagte Anne, »wird es schwer, über die Grenze nach Spanien zu kommen. Sie haben alle Welt angerufen und verbreitet, dass ein Junge und ein Mädchen aus Dänemark in einem

großen Kühlwagen mit roten Buchstaben auf den Seiten angefahren kommen.«

»Bestimmt«, sagte ich.

Sackgasse, dachte ich.

»Du weißt, dass das hier ziemlich verrückt ist?«

Und ob ich das wusste.

»Deshalb hast du mich gern?«

Anne sagte nichts.

Ich wollte noch einmal fragen, aber als ich mich über sie beugte,
sah ich, dass sie schlief.

»Deshalb«, sagte ich zu mir, »deshalb hat sie mich gern.« Und
Sackgasse, sagte ich stumm zu mir. Und Spanien und Gibraltar
und Afrika. Plötzlich wusste ich überhaupt nicht mehr weiter.
Ich wollte mich aufrichten, aus dem Auto springen und weg-
rennen, aber dann würde ich ja Anne wecken. Das wollte ich
nicht. Also blieb ich sitzen.

# ALS ICH AUFWACHTE

Als ich aufwachte, war Anne weg.

Einen Moment saß ich nur da, noch halb schlafend in einem wirren Traum. Ich dachte, dass sie zur Straße gegangen war, um per Anhalter zu fahren. Sie wollte nicht weiter mitkommen, nicht ganz bis nach Afrika. Sie hatte doch mehr als einmal gesagt: »Das hier ist ziemlich verrückt!«

Und hatte nicht jedes Mal in den Worten eine Aufforderung gelegen, den Wagen zu wenden und zurück nach Dänemark zu fahren? Verrückt, ja, das war es, aber selbst wenn es in jeder Hinsicht und egal, wie man darüber dachte, verrückt war, so lag der Reise nach Afrika doch etwas zugrunde, das sowohl wahr wie richtig war. Ich konnte nicht richtig in Worte fassen, was es war, es mir selbst nicht richtig erklären, auch weil ich Anne im Kopf hatte. Deshalb sprang ich aus dem Auto und sah mich am Strand nach links und rechts um: keine Anne.

Stattdessen sah ich eine weiß gekleidete Frau auf den Kühlwagen zugehen. Und so durcheinander und verwirrt, wie ich wegen Anne war, fuhr mir durch den Kopf: »Ein Engel!«

Aber Engel gehen doch nicht an einem frühen Morgen in Frankreich am Mittelmeer über den Sand auf einen Kühlwagen und einen Jungen aus Dänemark zu, der nach seiner Liebsten sucht.

Meine Liebste, das ist Anne.

Liebste bedeutet, dass man die, die man lieb hat, am allerliebsten von allem lieb hat, was man gern mag. Das Liebste. Vor der Reise glaubte ich nicht, dass es vieles gab, was ich so gern hatte.

Nicht meinen Vater, nicht die Schule, ja, okay, Herrn Olsen, den verwirrten Peter Olsen, aber jetzt nach der Drohung mit dem Internat und jetzt auf der Fahrt merkte ich, wie lieb mir das alles war. Dass ich nicht ohne das alles leben konnte, am allerwenigsten ohne Anne.

Ich wartete nicht auf den Engel, ich rannte über den Sand zur Straße, ich rief nicht, ich rannte. Dort war keine Anne, keine Anne, die ich lieb hatte. Da stand niemand und trampte. Ich lief die Straße entlang, zurück Richtung Dänemark, und jetzt rief ich. Niemand.

Mutlos und beunruhigt ging ich zurück, dann rannte ich los. Vielleicht ... vielleicht war sie ja doch beim Auto.

Dort war sie nicht, aber als ich mich wieder vergeblich umschaute, tauchte sie auf, aus dem Wasser. Sie richtete sich auf, das Wasser tropfte von ihren Wangen, ihrer Nase. Es lief an ihr herunter, sie war in Unterwäsche hinausgeschwommen, und jetzt watete sie lächelnd und winkend zum Strand.

Anne! Mein Herz machte einen Satz! Ich versprach mir noch einmal selbst, dass ich immer auf sie aufpassen wollte, sie sollte niemals verschwinden, niemals! Immer würde ich sie beschützen und ihr helfen. Und, sagte ich zu mir, wenn sie umkehren und zurückfahren wollte, dann würden wir das sofort tun.

Aber Anne wollte nach Afrika.

»Klar«, sagte Anne, »das ist ziemlich verrückt, aber wenn ich darüber nachdenke, ist es richtig. Du tust das, was richtig ist.«

»Und du warst unterwegs nach Afrika!«, lachte ich. »Übers Meer!«

»Nicht ohne dich!«

Wieder lachte ich, laut. Ich machte einige wenige, aber frohe

Tanzschritte auf dem Sand. Ich deutete zum Himmel, ich deutete auf den Sand und das Wasser. Warum, weiß ich nicht, vielleicht, weil mir alles in der Welt so nahe war, weil Anne mein war und sie dasselbe wollte wie ich.

Es wurde ein Tanz, dessen Schritte es nicht gibt.

Von der weiß gekleideten Dame sah ich nichts mehr.

Vielleicht war sie zurückgegangen, um die Polizei anzurufen.

Mir war es egal.

Ich wendete den Kühlwagen. Dort stand sie, direkt vor dem Wagen. Sie breitete die Arme aus, als wenn sie auffliegen wollte, und das konnte ich gut verstehen. Hatte ich sie nicht selbst, vor nicht mal einer halben Stunde, einen Engel genannt?

Ich bremste.

Wir sahen sie an. Wir sahen uns an. Sie blieb mit ausgebreiteten Armen stehen. Da sprang Anne aus dem Auto und ging zu der weißen Dame. Anne sprach sie an, aber sie sagte nichts. Anne machte kehrt und ging zurück zum Kühlwagen, die weiße Dame ging hinter ihr, und als Anne ins Auto kletterte, folgte sie ihr rasch.

»Sie sagt nichts«, sagte Anne.

Ich sah zu ihr hinüber. Sie starrte geradeaus durch die Windschutzscheibe. Sie wollte offenbar mit.

»Dann nehmen wir sie mit«, sagte ich. Und fuhr fort, als der Wagen in Gang kam und mit einem weichen Brummen über den Strand fuhr: »Vielleicht ist das ja gut. Die halten nach einem Auto mit einem Jungen und einem Mädchen Ausschau. Und jetzt sind wir ein Auto mit drei Personen. Vielleicht ... vielleicht ist das besser?«

Ich steuerte auf die Landstraße zu, bog scharf nach links ein und fuhr weiter am blauen Mittelmeer entlang. An diesem

Morgen, dachte ich, war das Meer guter Laune, froh und munter, hatte es nicht eben gerade ein wunderbares Mädchen umfasst: meine Anne.

Spanien.

# KEINE WORTE

Stieg vom Wasser ein eigentümliches Licht auf?

Das war so. Ich habe erklärt, warum.

»An der Grenze«, sagte Anne. Sie hatte Johnnys Handschuhfach geöffnet und eine Europakarte gefunden. Wir brauchten keine Karte. Ich kannte die Strecke. Ich hatte den Weg nach Afrika doch längst auswendig gelernt, jeden Ort, jede Nummer der Autobahnen. Und ich wusste, indem ich mir die Strecke im Kopf vergegenwärtigte, dass wir bald, in höchstens zwei Stunden an die Grenze zwischen Frankreich und Spanien kämen.

Anne beugte sich über die Karte.

Der Wind wehte jetzt zart und leicht durch die Kabine. Die Luft war salzig. Und würzig. Und freundlich. Und um mich für all die Freundlichkeit zu bedanken, summte ich mein kleines Liebeslied. Und danach, als ein Extradank an die, der das alles zu verdanken ist, sang ich von Anne. Summte die weiße Dame mit? Ich glaube es, bin aber nicht sicher.

»Ich weiß«, sagte ich und führte Annes Satz aus: »Dort sehen sie uns, dort halten sie uns an!«

Anne blickte von der Karte auf. »Das glaube ich«, sagte sie.

»Vielleicht haben wir Glück«, sagte ich. Ich glaubte inzwischen, dass die weiße Dame uns Glück brachte.

»Und du glaubst, die Dame bringt uns durch?«, fragte Anne.

»Das glaube ich.«

# DIE GRENZE

Wir fuhren einfach darüber. Nicht zu schnell, nicht zu langsam. Darüber mit dem Kühlraum voller frischer Lebensmittel: Eier, Milch, Brot und afrikanischen Früchten. Ich dachte, jetzt merken sie, dass wir auf dem Weg zurück nach Afrika sind, und im selben Moment schoss mir die Reihe der spanischen Städtenamen durch den Kopf: Barcelona, Tarragona, Castellón de la Plana, Sagunto, Valencia usw. Städte an der Mittelmeerküste. Wir mussten einfach die Straße weiterfahren: nach Süden, links von uns das blaue Mittelmeer. Dann kamen wir unweigerlich nach Gibraltar, und von dort konnten wir nach Afrika übersetzen.

Die weiße Dame saß stumm dabei. Sie sah vor sich hin, sah durch die Windschutzscheibe.

Wir kamen nach Almería.

Jetzt war es nicht mehr weit.

300 oder 400 Kilometer.

Wir hielten auf einem Rastplatz außerhalb der Stadt. Ich kaufte spanische Burger und Pommes und spanisches Mineralwasser. Auch für die weiße Dame, und als wir gegessen hatten, nickte sie und sah mich an. Und wieder, wie sonderbar, dachte ich, sie ist ein Engel, denn aus jedem ihrer Augen strahlte ein klares Licht. Das war so strahlend klar, das war wie Eis, aber gar nicht mit der Kälte des Eises, viel eher mit einer Wärme, die das Eis nicht kennt, nach der es sich aber sehnt, und diese Wärme lag in dem strahlenden Blau, innen, außen, und bewegte sich auf mich und auf Anne zu und umschloss uns, als wolle das Licht sagen, dass wir jetzt beschützt seien. Am Ende bewegte sie den Blick weg von Anne und richtete ihn fest auf mich. Sie schloss mich in ihren Blick ein, und jetzt schien der Blick zu mir zu sagen, dass ich mich nicht fürchten solle.

Aber da sah ich, dass sie mit Anne nicht dasselbe machte.

Konnte das bedeuten, dass Anne nicht beschützt war?

Da lachte ich über mich. Das war doch alles Einbildung. Sie war kein Engel. Und Anne war beschützt. Ich beschützte sie. Um ihretwillen würde ich sterben. Wenn jemand ernstlich in Bedrängnis geraten würde, dann natürlich ich. Nicht Anne.

# DON QUIJOTE

Abend. Wieder Abend. Jeder Tag endet mit einem Abend. Die
Sterne leuchteten direkt in die Kabine. Die weiße Frau sagte
nichts, sie starrte durch die Frontscheibe in das Abenddunkel.
Ich sagte zu Anne, dass wir in einem Hotel übernachten sollten,
damit wir am nächsten Tag, wenn wir nach Gibraltar kämen,
ausgeruht seien. Es sei wichtig, dass wir dann einen klaren Kopf
hätten. Anne nickte.
In der Dunkelheit tauchte ein großes Licht auf.
Es war ein Schild. Es war ein Hotel.
DON QUIJOTE.
Herr Olsen hatte uns von Don Quijote erzählt. Wie gesagt interessiert sich Herr Olsen für alles, und er weiß eigentlich auch
alles. Und erzählt gern davon. Beim Näherkommen sah ich,
dass neben dem Schild zwei Statuen standen: Die eine stellte
einen großen mageren Mann auf einem klapperdürren Pferd
dar. Die andere einen kleinen dicken Mann, der neben einem
Esel stand. Don Quijote war der Ritter, der kleine Dicke war
sein Schildknappe. Ich weiß noch, wie Herr Olsen vom Kampf
des Ritters gegen die spanischen Windmühlen erzählte. Weil er
glaubte, sie seien furchteinflößende Riesen, griff er sie mit seiner Lanze an, aber die Lanze verhakte sich in den Mühlenflügeln, und Pferd und Reiter wurden von den Mühlenflügeln an-
gehoben und mitgetragen. Als ich vor mir sah, wie der Ritter
und sein Pferd, an dem Mühlenflügel hängend, nach oben
schwebten, konnte ich nicht anders und musste lachen.
Ich bog ab, und hinter einem Wald aus schwarzen Bäumen lag

eine erleuchtete Mühle. Jedoch keine richtige, sondern ein Hotel, gebaut wie eine Mühle. Mit Flügeln und einer gläsernen Mühlenkappe, die sich langsam im Kreis drehte.

»Ein Restaurant«, sagte Anne, die ebenfalls erstaunt und neugierig das sonderbare Hotel betrachtete. Die weiße Dame wandte ihr Gesicht vom Fenster weg, sah uns einen Moment intensiv an, dann öffnete sie die Tür, sprang hinaus und verschwand.

»Wir schlafen hier«, sagte ich.

Während ich sitzen blieb und der weißen Frau nachschaute und mich wieder darüber wunderte, wer sie war, wo sie hinwollte und warum sie kein einziges Wort gesprochen hatte, und ich dann wieder zu der sich drehenden Mühlenkappe hinaufsah, ging mir auf einmal ein Gedanke durch den Kopf: War ich wie der Ritter, wie Don Quijote? Er kämpfte doch gegen etwas, was es nur in seiner Fantasie gab. Das, von dem er sich einbildete, es seien Riesen, waren nur unschuldige und fleißige Mühlen, die sich drehten, um Korn in nützliches und nahrhaftes Mehl zu verwandeln. In Nahrung.

War ich auch so? Waren meine Diebstähle in der Einkaufsstraße und beim Richter und der letzte Diebstahl des Kühlwagens ebenfalls alles zusammen vergeblich und nutzlos? Etwas, von dem ich mir nur einbildete, es könne den Kindern in Afrika helfen? Und als mir dieser Gedanke und noch ähnliche durch den Kopf gingen, fiel mir wieder die Frau in der Einkaufsstraße ein, die mich eigentlich doch ausgelacht hatte, indem sie mir erklärte, wie töricht und vergeblich mein Sammeln sei. Ich sah die bläulichen Haare und die grauen Augen und ihr höhnisches Lächeln vor mir, und bedrückt und unsicher sank ich immer tiefer in den Sitz.

War ich auch so ein lächerlicher Ritter? Einer, der nicht begriff, worum das Ganze ging, und stattdessen in seiner eigenen Fantasiewelt lebte? Einem Ort, an dem der Kontakt zu dem, was real existierte, gekappt war?

Mich schauderte, ich beugte mich vor, legte den Kopf auf das Steuer und seufzte laut. Ich stöhnte, stell dir vor, ich fing an zu stöhnen.

Anne nahm meinen Kopf, zog ihn an sich und strich mir übers Haar. Sie sagte nichts. Bald darauf hob ich den Kopf, sah wieder zu der sich drehenden leuchtenden Mühlkappe und danach zu Anne.

Überall im Hotel hingen Gemälde und Fotos von Don Quijote. Gemälde von ihm auf seinem mageren Pferd. So eins nennt man Klepper. Er sah wirklich zum Lachen aus. Auf dem Kopf trug er einen sonderbaren Helm, und jetzt fiel mir noch mehr von Herrn Olsens Erzählung wieder ein. Der Helm war das Rasierbecken eines Barbiers, also eine Art Waschschüssel. Aber er sah stolz aus. Und trotzig. In seinen Augen glühte ein Feuer, er hatte große Aufgaben vor sich, und er tat das alles, um eine bessere Welt zu schaffen, aber auch um seiner Geliebten willen. Sie hieß Dulcinea, war ein Dienstmädchen. Aber in Don Quijotes Fantasie war sie eine wundervolle Prinzessin.

Bei jedem Bild versank ich immer tiefer in eine wunderliche, schmerzliche Verzweiflung. Das war ja ich. Das war genau ich. So war ich: außerstande, die reale Welt zu sehen, eingeschlossen in meine eigenen Fantasien. Aber, sagte ich verzweifelt zu mir, Anne ist nicht Dulcinea. Sie war schön und zart. Sie hatte ich in meinen Gedanken nicht verwandelt. Sie war so, wie ich sie mir vorstellte: schön, klug, freundlich und immer bereit, mir zu helfen.

Ich konnte nicht schlafen.

»Was ist denn?«, fragte Anne.

Ich sagte nichts. Ich schämte mich vor mir selbst. War verlegen über das, was ich getan hatte und in das ich Anne hineingezogen hatte. Ich beschloss zurückzufahren. Sollte ich sofort aufstehen?

Anne ließ nicht locker. Am Ende sagte ich es ihr. Ich erzählte ihr von Herrn Olsens Geschichte von Don Quijote und wie, aber das war schwer, wie ich mich plötzlich, wie ich mich in dem Ritter wiedererkannt hatte, entsetzlich.

»Aber du«, sagte ich, »du bist nicht Dulcinea.«

»Nein?«, sagte Anne. Sie hielt die ganze Zeit meine Hand. Sie war still.

Ich war still, sie drückte meine Hand. Am Ende sagte sie: »Du bist nicht wie er. Da irrst du dich. Du kennst die Wirklichkeit ganz genau. Ist es nicht wirklich so, dass in diesem Moment in Afrika Kinder sterben? Ja, auch an vielen anderen Orten. Das, das ist die Wahrheit.«

Ich sagte nichts. Aber eine Freude stieg in mir auf. War ich doch keiner, der gegen Windmühlen kämpfte?

»Es stimmt«, fuhr Anne fort, »dass es nicht viel hilft, was du tust. Es sind doch viel zu viele, die hungern und krank sind. Es stimmt, dass man ganz und gar verzweifeln möchte, weil es absolut unbegreiflich ist, wie entsetzlich viele sterben. Und zwar die ganze Zeit. Aber das bedeutet doch nicht, dass das, was du tust, gleichgültig ist. Wenn alle wie du handelten, gäbe es bald keine Kinder mehr, die sterben. Also: Was du tust, ist richtig. Lass sie sagen und denken, was sie wollen. Lass sie alle möglichen Entschuldigungen finden. Du tust das Richtige!«

Die letzten Worte flüsterte sie mir ins Ohr.

Die letzten Worte ließen mein Herz wachsen. Es wuchs aus meiner Brust heraus und in Annes hinein.

»Deshalb«, schloss Anne, »fahren wir morgen nach Afrika, und wenn es Gott nicht gibt, dann muss doch jemand tun, was er getan hätte!«

»Ja.«

Und später: »Deine Lippen bluten.«

»Dann kommt Blut auf meine Worte.«

# ICH HATTE SCHON ALLES

»Wenn es Gott nun nicht gibt.«

Hatte Anne gesagt.

Sie blieben hängen, Annes Worte, während ich Johnnys Kühlwagen das letzte Stück am Mittelmeer entlangfuhr. Niemand interessierte sich für uns. Keine Polizeifahrzeuge mit blinkendem Blaulicht und heulenden Sirenen. Keine Polizeihubschrauber. In aller Ruhe. Kilometer auf Kilometer. Spanische Burger, Apfelsinen und Mineralwasser.

Anne nahm ihr Handy aus dem Handschuhfach. Sie schaute es an, schaltete es nicht ein und ließ es wieder ins Fach fallen.

»Morgen ist Sonntag«, sagte Anne.

Ich wusste es genau. Ich hatte daran gedacht. Am Mittwoch waren wir losgefahren, und heute war Samstag.

»Und da sollst du konfirmiert werden.«

Das stimmte. Aber das wurde schwer, wir konnten es nicht schaffen, bis morgen zu Hause zu sein. Mit Glück schafften wir es bis Afrika. Vielleicht kamen wir nicht weiter als bis zur Fähre. Ich stellte mir vor, dass wir uns dort allen möglichen Hindernissen gegenübersehen würden. Musste man nicht bestimmte Papiere haben, um nach Afrika zu gelangen? Kam man einfach so auf die Fähre, um damit übers Meer zu fahren? Von meinem Studium der Reiseroute wusste ich, in welches Land wir kommen würden. Es hieß Marokko. Ein schöner Name.

»Was hast du dir gewünscht? Zur Konfirmation?«

»Geld«, sagte ich. Das sollte nach Afrika geschickt werden.

»Na ja«, sagte Anne. »Aber etwas musst du doch wohl auch selbst behalten?«

Mir fehlte doch nichts. Ich hatte alles, was ich brauchte. Ich war ziemlich reich, wenn man bedenkt, wie es anderen Kindern geht. Und außerdem hatte ich das Beste auf der ganzen Welt. Und dieses Beste hatte nur ich! Was das war?

»Ich habe schon das Beste auf der ganzen Welt!«, sagte ich.

Anne drehte mir ihr Gesicht zu. Sie zog die Augenbrauen hoch. Ich sollte es sagen. Sagen, was das Beste war.

»Das weißt du genau!«

»Sag es!«

»Dich!«

Anne lachte, und da spielte ich meinen Triumph aus und sang mein selbst komponiertes Liebeslied, was Melodie und Worte angeht, denn alles, was sich nur schwer oder unmöglich aussprechen lässt, kann man singen.

»Immer noch Frühling«, sagte Anne. Längs der Straße blühte alles.

Und ich sang, auch in meinem Herzen sei ein neuer Frühling. Sangen Vögel bei meinem Lied mit, bewegten sich an den Bäumen neue grüne Blätter im Herzenswind und im Takt mit meinem Lied? Und die Blumen?

Anne legte mir einen Finger auf die Lippen.

Dorthin, wo sie geblutet hatten.

Dorthin, wo wir so wild geküsst hatten!

Und ich sang weiter, denn ihr Finger löste neue Worte und Töne aus.

# ALGERICAS

Schon ehe wir die Fähre erreichten, konnten wir Afrika sehen. Übers Meer waren es 15 Kilometer. Das alles wusste ich. Das Meer war blau. Afrika war eine blaue Küste, ein dünner, vibrierender Küstenstreifen. Ich fuhr Johnnys Kühlwagen an die Seite, schaltete den Motor aus, und wir saßen ganz still. Nur die Kühlaggregate brummten.

»Dort«, sagte ich.

Dort waren keine Windmühlen, aber trotzdem dachte ich an Don Quijote, und vor lauter Anspannung biss ich mir auf die Lippe, so dass sie aufsprang. Anne sah es und legte mir einen Finger auf die Lippe: »Eine Menge Blut«, sagte sie.

Wir blieben lange so sitzen. Dann schielte ich zu Anne hinüber und sie zu mir, und ich startete Johnnys Kühlwagen und fuhr ruhig das letzte Stück hinunter zur Fähre von Algericas. Zur Linken lagen die Felsen von Gibraltar. Ich wusste, dass auf den Felsen Affen lebten, aber das spielte keine Rolle. Es ging um das Auto, um die Lebensmittel, um die Verhungernden, auch wenn es schon ziemlich verrückt war und nicht sonderlich viel helfen konnte.

Das alles ging mir wieder durch den Kopf. Und dann, nur ganz kurz, die Konfirmation morgen, Sonntag. Bei der ich in der Kirche hätte sitzen, singen und schließlich mit den anderen nach vorn zum Pfarrer gehen sollen.

Wir fuhren Richtung Fähre.

Wir wurden angehalten. Schon vor der Fähre und den Fahrkartenhäuschen wurden wir an die Seite gewinkt. Dort standen drei Polizisten. Sie schauten in unsere Papiere, blätterten, und der eine winkte uns weiter zu einer Haltebucht vor einem Haus, auf dessen Dach in mindestens fünf Sprachen Polizei stand. In Sekundenbruchteilen rauschten vor meinem inneren Auge alle Actionfilme vorbei, die ich im Fernsehen und im Kino gesehen hatte. Dort fuhr der Held einfach weiter, drückte das Gaspedal durch und fuhr an den Polizeibeamten vorbei, die, um ihr Leben fürchtend, einen Satz machten. Aber ich war kein Held, und außerdem: Was würde das nützen?

Wir waren gefangen.

Ich war nicht wirklich enttäuscht. Ich hatte es erwartet. Und ich wusste und spürte, dass auch Anne jetzt genau das erlebte, was sie sich ausgemalt hatte: Polizisten, Papiere, Ende. Würde ich nach Hause und zu meiner Konfirmation kommen? Das war zwar im Augenblick nicht wichtig, dennoch schoss mir der Gedanke durch den Kopf. Aber nur einen Augenblick, denn nun kam sie. Ich sah nicht, woher sie kam, denn meine Augen klebten an den Polizeibeamten, ihren Schirmmützen und Handbewegungen. Und an ihren Papieren und ihren Blicken zu mir und Anne.

Was sie vor sich sahen, war ein dänischer Kühlwagen. Johnnys Kühlwagen. Der wurde in ganz Europa gesucht, daran zweifelte ich nicht. Ein Wagen, bei dem kein Irrtum möglich war. Auf den Seiten stand: Hallo! Hier bin ich! Nach mir wird gefahndet! Und einen Moment lang war ich wieder erstaunt, dass wir so weit gekommen waren. Aber jetzt war Schluss. Ich schaute wieder auf, dort lag Afrika, direkt vor uns, auf der anderen Seite des Wassers.

Nein, ich sah nicht, woher sie kam, die Dame in Weiß. Wie ein weißer Wind kam sie über den Asphalt gelaufen, hin zu den

Polizeibeamten. Sie griff nach dem Arm des einen, sprach, jetzt sprach sie. Dann nach dem des anderen. Sie gestikulierte, rief, sprang zwischen beiden hin und her. Das wirkte recht amüsant. Was war da los?

Der Polizist blickte von den Papieren auf, fing meinen Blick ein und winkte uns heran. Er deutete: Wir könnten weiterfahren, hinunter zur Fähre. Als wir an den Polizisten vorbeirollten, sprang die weiße Dame aufs Trittbrett, öffnete die Tür und setzte sich neben Anne.

Nun war das Taschengeld zu Ende.

Die Fahrkarte für die Überfahrt musste von den Diebstählen in den großen Kleiderboutiquen bezahlt werden.

# AFRIKA

Der erste Ort hieß Ceuta. Dort legte die Fähre an.

»Wo sind die hungrigen Kinder?«, fragte Anne.

»Nicht hier«, sagte ich. »Weiter im Süden, weiter im Osten.«
Wir fuhren Richtung Süden und immer mit dem blauen Meer
links von Johnnys Kühlwagen. Jetzt musste das Aggregat stär-
ker arbeiten. Es wurde immer wärmer.

Wir fuhren an den Orten Findeq, Riffien, Restinga vorbei. Die
Namen kannte ich nicht. Ich hatte nur die Strecke bis Afrika
auswendig gelernt. An den Rest hatte ich nicht gedacht, aber
ich sagte mir, dass wir schon jede Menge hungernde Kinder finden würden, wir mussten nur lange genug fahren.

Die weiße Dame schwieg wieder. Aber jetzt wusste ich, dass sie
sprechen konnte, und nicht nur sprechen, sondern sie konnte
sogar die Polizei davon überzeugen, uns nicht anzuhalten. Ich
grübelte, wer sie wohl sein mochte, und mein allererster Gedanke, als ich sie oben in Frankreich über den Strand gehen sah,
sie sei ein Engel, tauchte wieder auf.

»Aber die gibt es nicht«, sagte Anne, als hätte sie meine Gedanken gehört.

# ROBIN HOOD

»Wir schlafen hier«, sagte ich.

Dort gab es keine Stadt, kein Hotel, nur Sand und das Mittelmeer, dessen blaues Licht nun schwarz geworden war. Aber es gab ein großes Schild: grün und klapprig. Auf dem Schild stand mit meterhohen, verblassten Buchstaben ROBIN HOOD. Und oben auf dem Schild, auch grün und verblasst, saß Robins grüner Hut, und darin steckte keck eine Feder. Ich bog auf den Parkplatz ein.

Ich stellte mir vor, dass es dort einmal, vielleicht vor langer Zeit, eine Art Kiosk oder eine kleine Gastwirtschaft gegeben hatte, die Robin Hood hieß. Bis auf das Schild war das alles verschwunden.

Ich parkte Johnnys großen Kühlwagen neben dem Schild. Dort zu halten kam mir gelegen. Diesen Namen kannte ich, der würde uns beschützen. Der weißen Dame sagte ich, dass wir im Auto schlafen würden und dass sie am nächsten Tag gern mit uns weiterfahren könne.

»Am Konfirmationstag«, sagte Anne.

Wir waren beide müde, und als wir die Reste der spanischen Burger gegessen und das spanische Mineralwasser getrunken hatten, legte Anne ihren Kopf auf meinen Schoß und schlief ein.

# BLUT UM DEN MUND

Ich schlief nicht. Ich sah sie an.

Ich dankte Gott, auch wenn es ihn vielleicht nicht gab, dass Anne da war. Ich dankte, dass er es so geregelt hatte, dass ich ihr begegnet war, und dass wir Liebste waren. Und ich sagte laut, aber leise genug, um Anne nicht zu wecken: Du darfst sie nie von mir gehen lassen.

Dann schlief ich ein.

Im Nachhinein weiß ich, dass es nach Mitternacht war, an meinem Konfirmationstag, als wir geweckt und aus der Fahrerkabine gezerrt wurden. Es waren drei junge Kerle. Sie hatten Pistolen, sie schrien, sie warfen uns unter das grüne Schild. Dann schrien sie wieder, drohten mit den Pistolen und stiegen in Johnnys Kühlwagen.

Ich schrie, die Lebensmittel seien für die Kinder. Ich deutete auf das Schild: das Robin-Hood-Schild. Ich wollte ihnen zu verstehen geben, dass es falsch war, was sie taten.

Einer von ihnen lachte laut und rief auf Englisch, sie seien Robin Hood, und Anne und ich seien der Sheriff von Nottingham.

»Das stimmt nicht«, rief ich.

Sie lachten, deuteten auf das Schild, starteten und bogen auf die Straße.

Ich blieb stehen. Ich war wütend, war starr vor Angst und Schreck, aber Anne rannte hinter dem Laster her.

Sie rannte davor, wurde davon ergriffen und zur Seite geschleudert.

Da tauchte die weiße Dame auf, während ich noch wie gelähmt dastand und, ohne es zu merken, meine Lippe blutig biss.

Sie hob Anne auf und trug sie zu mir.

Da war Blut. Und da war Blut auf den Lippen, um Annes Mund.

# ENDE

Sara kam und besuchte mich.

Ich war nicht mehr gefährlich. Alle konnten mich besuchen kommen. An einem kleinen Tisch auf dem Flur saßen wir uns gegenüber. Ich freute mich, Sara zu sehen.

»Du wirst also gesund?«, sagte Sara.

»Das werde ich«, sagte ich und dachte, das war ich doch die ganze Zeit, im Großen und Ganzen gesund und munter, seit mich meine Mutter geboren hat.

»Gesund«, wiederholte ich, »gesund und munter.«

Und kurz danach: »Hast du Anne gesehen?«

Ich weiß doch, dass sie Anne nicht gesehen hat, dass Sara Anne nicht in der Schule gesehen hat. Niemand hat sie gesehen. Sie liegt im Sarg in der Erde. Es gab Geld genug für einen Sarg, jede Menge Geld. Annes Stuhl ist leer.

Sara öffnet jetzt die Tasche. Sie neigt den Kopf, um besser in die Tasche sehen zu können, dann holt sie ein großes Herz heraus, rosa. Ich kenne es. Das ist das Herz von der Fensterbank, aber nicht genau dasselbe: Jetzt hat es außer den Rädern zwei weiße Flügel bekommen. Nicht rosa, sondern weiß, bereit zu fliegen! Sie blinken, sie leuchten!

»Weil«, sagt Sara, »ich eine Glühbirne und eine Batterie hineingesteckt habe.«

Ich ziehe anerkennend erst die eine Augenbraue hoch und dann die andere. Das hat sie geschickt gemacht und sich gut überlegt.

»Das ist für dich«, sagt Sara. Sie reicht mir das Herz. Ich nehme es. Ich weine. Die Tränen tropfen auf das Herz, aber es leuchtet weiter. Und, tun sie es? Ja, sie tun es: Die Flügel bewegen sich. Sie wollen mit mir auffliegen.

Sara steht auf und kommt herüber und setzt sich neben mich. Sie nimmt meine Hand und drückt sie still. Sie lässt sie los, drückt sie wieder, und so bleiben wir sitzen.

JANNE TELLER

**NICHTS**
WAS IM LEBEN WICHTIG IST

ROMAN

HANSER

»Dieses Buch ist
ein Hammer.
Es ist radikal,
es ist verstörend,
es ist wahrhaftig.«

Amelie Fried und Ijoma Mangold,
ZDF/Die Vorleser

»Nichts bedeutet irgendwas, deshalb lohnt es sich nicht, irgendwas zu tun.«
Mit diesen Worten schockiert Pierre alle in der Schule. Um das Gegenteil
zu beweisen, beginnt die Klasse alles zu sammeln, was Bedeutung hat. Doch
was mit alten Fotos beginnt, droht bald zu eskalieren: Gerda muss sich von
ihrem Hamster trennen. Auch Lis Adoptionsurkunde, der Sarg des kleinen
Emil und eine Jesusstatue landen auf dem Berg der Bedeutung. Als Sofie
ihre Unschuld und Johan seinen Zeigefinger opfern sollen, schreiten Eltern
und Polizei ein. Nur Pierre bleibt unbeeindruckt. Und die Klasse rächt sich
an ihm … Eine erschütternde Parabel über das Erwachsenwerden,
Erziehung und Gewalt in unserer Gesellschaft.

Ein brutales, ein mutiges Buch – ein literarischer Glücksfall zur rechten
Zeit! Ein Tabubruch mit Tiefgang und Zukunft. ›Nichts‹ deprimiert nicht,
sondern ermutigt seine Leser, ihr Leben selbst zu bestimmen. Es beschreibt
eine Suche, auf die sich jeder irgendwann begibt, die aber
selten so packend erzählt worden ist.    *Birgit Dankert, Die Zeit*

Janne Teller
*Nichts. Was im Leben wichtig ist*
Aus dem Dänischen von Sigrid Engeler
144 Seiten. Klappenbroschur

>Es gibt zur Zeit kein bewegenderes Buch.«

Maren Keller, KulturSPIEGEL

>Krebsbücher sind doof«, sagt die 16-jährige Hazel, die selbst Krebs hat. Sie will auf gar keinen Fall bemitleidet werden und kann mit Selbsthilfegruppen nichts anfangen. Bis sie in einer Gruppe auf den intelligenten, gut aussehenden und umwerfend schlagfertigen Gus trifft. Der geht offensiv mit seiner Krankheit um. Hazel und Gus diskutieren Bücher, hören Musik, sehen Filme und verlieben sich ineinander - trotz ihrer Handicaps und Unerfahrenheit. Gus macht Hazels großen Traum wahr: Gemeinsam fliegen sie nach Amsterdam, um dort Peter Van Houten zu treffen, den Autor von Hazels absolutem Lieblingsbuch.

Wer hier nicht weint und lacht, fühlt wohl schon lange nichts mehr. Was für ein Buch! So rein und klar, so grundstürzend komisch und dann wieder unendlich zart. Das ist kein Jugendbuch, sondern Literatur für alle, anmutig, komisch, kostbar. *Werner Bartens, Süddeutsche Zeitung*

John Green
*Das Schicksal ist ein mieser Verräter*
Aus dem Englischen von Sophie Zeitz
288 Seiten. Gebunden